脳もデスクも超スッキリ！

スゴい片づけ

菅原洋平
Yohei Sugawara

すばる舎

まえがき

いつも机の上が、本や書類でゴチャゴチャ。

片づけたそばから、散らかっていく。

「片づけなきゃ」という後ろめたさが、頭の片隅にある……。


そんな方に知っていただきたいことがあります。

それを知れば、ササッと整理できるようになり、気分がスッキリする上に「片づけできない」という劣等感から解放されます。

なぜ、すぐに散らかるのか。なぜ、片づけがうまくいかないのか。

その理由はシンプルです。

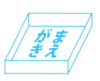

その片づけがあなたの「脳のタイプ」に合っていないのです。

あまり知られていませんが、「脳のタイプ」によって、適した片づけ方は異なります。

「自分は片づけが苦手だ……」

もしそう感じている方がいたら、ぜひ、脳のタイプに合ったやり方に変えてみましょう。驚くほどたやすく、サクサク片づけられるようになるはずです。

本書では、**ものが散らかりやすい方の「脳のタイプ」に着目し、そのタイプに適した整理法を始めとした「片づけ方」を具体的に説明していきます。**

脳のタイプに合った方法で片づけていくことで、あなたの環境は一変します。その結果、

- ・スッキリした気持ちになれる
- ・頭が冴えてパフォーマンスが上がる
- ・片づけいらずの習慣が身につき、自分の時間が日増しに増える
- ・「片づけをしていない」という罪悪感から解放される

「脳のタイプ」に合った片づけ方がある

✖「脳のタイプ」に合わない方法

→片づかず、すぐゴチャゴチャに

〇「脳のタイプ」に合った方法

→すぐ片づいて、気分もスッキリ！

こんな効果を実感できます。

私は作業療法士として、医療現場では相談に来られる患者さんに、企業では働く方々に対して、片づけに関する問題解決に取り組んできました。

本書で想定している「脳のタイプ」を持っている方は、直感力が鋭く、これと思ったことはサッと行動に移す実行力があります。コツさえわかれば要領よく本書の内容を取り入れて、ご自身にとって快適でアイデアがあふれ出す環境をつくることができるはずです。

私の職業である作業療法士は、病気や事故で脳を損傷した方々の生活のしづらさを解決するための方法を考え、お手伝いします。その際、脳の仕組みなどの医学的な面から、様々な問題への解決策を見出していきます。

私たちが何かの課題に取り組むとき、脳が取る戦略の特徴を「認知特性」といいます。この認知特性には大きく「2つのタイプ」があり、その違いが、私たちの考え方や行動に深く関わっています。整理整頓をはじめとした「片づけ方」もしかりです。

本書では、私の作業療法士としての経験と知見を生かし、片づけの悩みを解消するための手立てを具体的にご紹介していきます。
これまで「この方法が良かった」と反響が大きかった方法を集めてご紹介するので、どなたでもすぐに成果を実感できると思います。

自分のデスクを見ると気分が上がる、
脳も気持ちもスッキリして、どんどんアイデアがあふれ出す――。

そんな環境が手に入れば、あなた自身もさらにパワーアップするはずです。
ご自分の脳に適した方法を知り、ベストな環境をつくり出してください。
あなたのチャレンジを心から応援します。

二〇一九年四月

菅原洋平

目次

まえがき …… 3

序章

わかった！ うまくいく「片づけ方」

「脳のタイプ」に着目すれば、もっとラクに片づけられる！

1 3つの方法で、片づけはグンとラクになる！ …… 18
2 あなたの「脳のタイプ」とは？ …… 26
「脳のタイプ」分類チェック …… 28
3 脳を正しく使いこなすために …… 32

1章

散らかるのは「直感」が冴えるから
「脳のクセ」を知り片づけに活かそう！

1 「脳のクセ」は些細な行動に表れる！……38
2 こんな言動に気づいてますか？……51
3 こうした特徴を片づけに活かせる！……67
さらに深める！ 自分の脳はどうやって「わかる」のか……59

2章

まずはココから！

画期的！この方法でもう散らからない！

1 散らかる「意外な原因」とは？……70
2 継次系と同時系の「片づけ」はココが違う！……74
3 「通常」の分類方法が役に立たないワケ……78
4 なぜ、乱雑でも、それなりに位置を把握できるのか？……84
5 「積み重ねる、整理しない、ため込む」に対策する！……89
さらに深める！
自分の脳が得意な分類方法とは？……82
脳がビジュアル化する「仕組み」……87

3章

片づけがグーンとはかどる"秘密兵器"

「9ブロックタスク」で、達成感を味わう！

1 罪悪感のサイクルを断ち切ろう！……102
2 脳は「エラーレス・ラーニング」で育てる……105
3 スモールステップをつくる……107
4 コレで流れるように片づけられる！……109
5 ビンゴをそろえられないときは？……114
6 「逆ビンゴ」で「やらないこと」を決める……117
7 「片づけ行動」はコレで身につく！……120

4章

片づけ行動がスッと身につく

この工夫で、知らぬ間にきれいになる！

1 片づける目的を持とう …… 132

さらに深める！
脳には「２つの報酬系」がある …… 134

2 言ったもの勝ち！「片づける目的」の決め方 …… 136

3 自分の行動に付加価値をつける …… 138

4 片づけの動線図をつくる …… 142

5 普段の行動を工夫する …… 148

5章

頭が冴えて、結果がバンバン出る！
仕事における「5S攻略法」

1 安定して能力を発揮するために …… 156

2 脳にとって「5S」の意味は？ …… 157

①整理（Seiri）選択エネルギーを節約する …… 158

②整頓（Seiton）脳に余計なものを見せない …… 166

③清掃（Seisou）小さな変化をキャッチする …… 168

④清潔（Seiketu）体調管理に役立つ …… 172

⑤躾（Situke）感情をコントロールし、自律的に振る舞う …… 176

6章

脳内の情報を整理する

こんな「環境」で、ひらめきがドンドン生まれる！

1 なぜ、「雑然としたデスク」でひらめくのか？ …… 184

①「多ジャンルの情報」を見聞きする …… 187

②ぼんやりする …… 193

③浮かんだアイデアを他人事のように眺める …… 200

7章

この準備で、いつでも飛び立てる！

直感派の自分を100％活かすコツ

1 自分を成長させる方法 …… 206
2 行動をデータ化して「標準」を見つける …… 211
3 自分の才能をデータ化しておく …… 214
4 努力を「定量化」してみる …… 216
5 決定権のない人間に頑張ってしゃべらない …… 219

あとがき …… 222

装丁／井上新八
本文デザイン／草田みかん
カバーイラスト／山内庸資
本文イラスト／山内庸資　草田みかん

序章

「脳のタイプ」に着目すれば、もっとラクに片づけられる！

わかった！うまくいく「片づけ方」

1 3つの方法で、片づけはグンとラクになる！

片づけがうまくいく人、いかない人――。

この差は、「脳のタイプ」に合った方法を選べているかどうかで決まります。

脳の「認知特性」には2つのタイプがあり、あるタイプにはしっくりくる方法でも、別のタイプだとうまくいかない、ということが起こるからです。

「脳のタイプ」の詳細は後ほどお伝えします。

まずは、本書が想定する「脳のタイプ」を持つ方、すなわち**「散らかりやすい人」**や**「片づけが苦手だと感じている人」**に、**お勧めしたい片づけ方には〝成功ポイント〟があります。**

やり方はとてもカンタン、次の3点を押さえましょう。

①「片づける目的」を持つ
②ラクする、はしょる、楽しむ！
③片づけなくていい状態を目指す

いかがでしょう。何だかできそうな感じがしませんか。

このやり方でうまくいくのは、脳の〝ある特徴〟によるものです。

脳の強みを活かすためにも、自分の「脳のタイプ」を知り、特徴をつかんでおきましょう。片づけのみならず、仕事を効率的に進める上で大いに役立つはずです。

「脳のタイプ」を探るチェックテストを28ページに作成しました。本項目をお読みいただいた後、ぜひチェックしてみましょう。

では3点について、それぞれ詳しく見ていきます。

成功ポイント①「片づける目的」を持つ

×片づけること自体を目的にする

○ある目的を達成するために片づける

「片づけはじめたら、とにかく徹底しなくては」こんな感じで取り組むと、たいていうまくいきません。片づけそのものを目的にする前者より、後者のほうが、読者の皆さんにしっくりくる考え方ではないでしょうか。

片づけは、あくまでも「効率よくゴールを目指すための手段」と考えましょう。例えば、「効率的に仕事をするため」「快適に過ごすため」「アイデアが出やすい環境をつくるため」といった目的を持つと、最も良い方法を実験してみよう、と考えることができます。

片づけの目的をはっきりさせる――。これにより他人が用意した「あるべき姿」ではなく、「自分らしい姿」に向かうことができます。

片づけの目的を持つ

Check

**片づける目的を持つと
驚くほどはかどる！**

成功ポイント②　ラクする、はしょる、楽しむ！

✕ 片づけのやり方を学んで、その手順に従う
○ 片づけのコツを押さえたら、自由にアレンジする

あなたは「面白い」ことを何より大事にしていませんか。あなたの脳は、自由な発想で楽しみながら取り組むと本領を発揮できるのです。

ぜひ「ラクする、はしょる、楽しむ！」の精神で取り組んでみましょう。

「整理術の本」や「片づけ本」を参考にするときは注意が必要です。紹介された方法が、あなたの「脳のタイプ」に合わないやり方だと、うまくいかないからです。

「また片づけられなかった」「自分はダメだ」

こんな罪悪感をしょいこまないためにも、**「要領よくいいとこ取りして、あとは自分流に楽しくアレンジ！」を心掛けると断然うまくいきます。**

コツを押さえたら、自分流でOK

Check

マニュアルはほどほどに。
創意工夫を楽しもう♪

成功ポイント③ **片づけなくていい状態を目指す**

× 片づけ習慣を身につけて、日々実行する

○ 片づける必要がなくなる行動を身につける

毎日コツコツきれいにする、という理想を描くと罪悪感にさいなまれてしまいます。

皆さんにお勧めしたいのは、後者のパターン。すなわち片づけいらずの行動を身につけてしまうことです。じつは、やり方次第ですぐできることばかりです。

たとえば、ふだんの書類の置き方を工夫するだけで、処理できなくなるほどためこむことがなくなります。**左側には未読のもの、右側には既読のもの、と空間を分割して脳に見せる。**こんな程度のことでも、脳はスムーズに行動を命令できるようになります。**脳がわかりやすい環境をつくると、最小限の手間で、効率的に作業ができます。**本書では、そんな便利な工夫を厳選して紹介していきます。

片づけなくてもいい状態を目指そう!

2

あなたの「脳のタイプ」とは？

私たちは、毎日何かの課題に取り組んでいます。朝食をつくったり、髪形を整えたり、化粧をしたり、電車に乗ったりと、何気なくしていることもすべて脳に与えられた課題です。これらの課題に取り組むとき、脳が立てる戦略には2つのタイプがあります。

それが「同時系」と「継次系」です。「同時系」とは（Simultaneous）：同時処理、「継次系」とは（Successive）：継次処理といった脳の認知特性からくる呼び名です。

「同時系」と「継次系」その特徴を簡単にお話しすると、

同時系は、「関連付け能力」が秀でています。目に見えないものを脳内でビジュアル化する

ことが得意です。

継次系は、とくに「論理的な思考」に秀でており、記憶に基づいて情報の因果関係を整理したり、順を追って説明することができます。

両者に優劣はなく、強みに違いがあるだけです。

片づけるのが苦手だと感じている人の脳のタイプは「同時系」であることが多いです。

この脳の特徴をかいつまんでいうと、いろいろな物事から、独自の共通点を見つけて関連づけることがうまい脳といえます。

枠にとらわれない斬新な発想を生み出す一方で、直感で動くため、作業を中断しやすい傾向があります。これが散らかりを招くのです。

豊かな発想力を活かしつつ、散らかりをどう防ぐのか――。

このヒントを得るためにも、脳についての理解を深めていきましょう。

これから、実際にチェックリストを使って、あなたの脳のタイプを探ってみましょう。

脳のタイプ分類チェック

作業療法の現場では、患者さんが子どもである場合、認知特性を判定するテストを使い、学校教育にうまく適応するための作戦を立てます。これは、私たち大人にも充分活用できる考え方です。

次に紹介するのは、認知特性の判定テストをベースにして作成した「脳のタイプ」を探るチェックリストです。ＡＢどちらにあてはまるか、早速チェックしてみましょう。

Q1 新しい電化製品を買ったとしたら、あなたはどんな行動をとりますか？

A：早速電源を入れて使ってみる

B：製品を使う前に説明書を読む

Q2 何か面白いことがあったら、どのように人に話しますか？

A：「この間こんなことがあって……」と面白かった出来事から話す

B：「昨日○○さんと△線で□□に行って××を見てきたんだけど、一通り見終わって帰るときにこんなことがあって……」と出来事を順番通りに話す

Q3 気になった本を読むときはどのように読みますか？

A：パラパラめくって面白そうなところから読む。入門と実践があったらいきなり実践を読んだり、シリーズ物の途中だけ読むこともある

B：はじめに、目次など最初から読む。入門や第1巻から読む

Q4 食品や日用品は、どのように買いますか？

A：お店に行ってみて必要な物や欲しい物を選んで買う

B：買い物リストをつくって、リストを消しながら買い物する

Q5：プレゼントやお土産はどのように選びますか？

A：面白そうなもの、喜びそうなものを「見た目」で選ぶ

B：商品の裏に書いてある原産国や製造情報を見て選ぶ

Q6：お菓子や飲み物はどのように開けますか？

A：表示を見ずに開ける。うまく開けられなかったり、「振らずに開けてください」と書いてあるのに振ってしまったりする

B：「あけくち」や「振らずに」という表示を見てその通りに開ける

Q7：旅行の計画はどのように立てますか？

A：「海」や「自然」など行きたいところをイメージして、そこに行くための計画を立てる

B：予算や日数などの条件から行ける候補を絞って、その中で計画を立てる

【判定】

さて、いかがでしたか。

ABどちらの答えに、チェックが多くついたでしょうか。

「A」の答えが多ければ、あなたは「同時系」です。

3 脳を正しく使いこなすために

脳のタイプが「同時系」とわかった方は、これまでの自分の行動は脳の戦略だったのだと考えてみましょう。そしてこれから、このタイプに合った片づけ方を知り、習得していきましょう。

目指したいのは、自分の脳を上手に使うこと。

まずは、脳の特徴や脳がもたらす行動の傾向を3つのポイントに絞ってお話しします。

ポイント① 関連付ける力がスゴい

↓いくつかの作業を関連付けて、いっぺんに終わらせるといった「効率化」を目指すとうまくいく

もともとは別々の物事から、独自の共通点を見つけて、それを使って作業効率を上げる。これが、同時系の脳が得意とすることです。

ある企業を訪問したときのことです。

同時系と思われる社員の本棚に貯金箱が置いてありました。

一般的に考えて、本を探すとき、本以外の物が置かれていたら邪魔で作業効率が下がります。

ところが、この方は意外なことを話してくれました。

「本棚に貯金箱を置くと結構貯められるんですよ。知識を貯める本棚でお金を貯める。貯めるつながり、みたいな感じで」

単なる屁理屈のように聞こえるかもしれません。ただ彼が実際に貯金できているのも事実です。このように、他人にはあまり理解されないような、自分の中での関連付けが、同時系の脳の中で起こります。

後ほど説明しますが、**この関連付ける力は、「ある作業を関連付けて効率を上げる」うえで一役買います。**片づけるときも、この関連付ける力を存分に活かしましょう。

ポイント② 能力の"誤用"が「散らかりの原因」に
↓
「思いつきで動くクセ」を上手にコントロールする

この関連付け能力は、型にはまった常識的な枠組みを打ち破る斬新な発想を生み出すのに役立ちます。ただ、悪く作用することもあります。それが、散らかりです。

ある作業をしている途中で別の作業との関連付けができると、「これってこの作業にも使えるかも」と別のことを始めてしまい、今やっていた作業は置き去りになる。

これを繰り返すと、行く先々で使った物を置いていくので、その結果として、散らかった部屋がつくられます。

散らかるのは、何かの能力が欠けているからではありません。**散らかることは、関連付け能力の反作用なのです。**いわば、関連付け能力の誤用です。ですから、関連付け能力を正しく使いこなす術を身に付けられれば、片づけに悩むことはなくなります。

ポイント③ ビジュアル化に長け、イメージ力が豊か

↓成果を「見える化」したり、「見た目」重視で整理すると◎

同時系の関連付け能力は、先ほどの「本とお金」、という目に見える物同士だけにとどまりません。目に見えない抽象的なことも、脳内でビジュアル化して関連付けてしまいます。

例えば、ある社員のデスクの上には、ヒーローもののアニメの主人公のフィギュアが置いてありました。これまた一般的に考えて仕事には全く関係ないものです。本人曰く「守りに入らずに戦う姿勢を身に付けようと思って」とのこと。

「戦う姿勢」には、もちろん形などありません。それに相当する視覚像がないですが、このような精神論も仕事の生産性を高めるのに、ときとして役立つことも否定はできません。そんな

形のないものを、頭の中で独自にビジュアル化して、「戦うヒーロー」を「戦う姿勢で仕事に臨む」ことに役立てているのです。

ビジュアル化も、同時系の脳の大きな特徴です。 本物ではなく単なるイメージなのですが、イメージは単純な言語情報に、二次的な情報をもたらします。

この例では、ヒーローから戦う姿勢だけでなく、「ピンチをチャンスに変える」「常に動じない」「あきらめない」「前向きに取り組む」などといった情報が頭をよぎる機会を増やしています。後に詳しくお話ししますが、**このイメージ化は、脳の言語を作り出すシステムにかかる負担を減らす「脳の省エネ戦略」です。** 脳の働きの効率化に、大きな貢献をする能力です。

このように同時系の脳は、「関連付け脳」といえます。

その関連付けは、目に見えないものまで「ビジュアル化」して行われます。

この能力を正しい方向に使えば、仕事もプライベートも散らかりません。

1章

散らかるのは「直感」が冴えるから
「脳のクセ」を知り片づけに活かそう!

1

「脳のクセ」は些細な行動に表れる！

本章では、客観的に自分の脳を捉え直すために、同時系の脳の特徴を探っていきます。

なぜ、片づけを苦手と感じるのか？　どうしたらスムーズに片づけられるようになるのか？

そんなヒントを得るためにも、脳の特徴を探ってみましょう。

「脳を知る」といっても、難しく考える必要はありません。

同時系の特徴は、普段の何気ない行動に、その痕跡が残っています。

例えば、こんなふうに……。

・付箋をたくさん貼る
・ノートの罫線は無視

・関係図を描く
・本棚に本以外の物が置いてある
・はじめに結論が欲しい
・努力してきた過去を振り返らない

いかがですか。何か思い当たる行動はありましたか。

お読みいただくうちに、「あるある！」と共感したり、自分でも不思議に思っていた行動の意味がわかってスッキリすると思います。では、楽しみながら見ていきましょう。

1 付箋をたくさん貼る

同時系の人に「これ、面白かったから読んでみて」と言われて本を借りると、びっちりと付箋が貼ってあることがあります。いろんな色が使われているので、本よりも付箋の方が目立つほどです。**同時系の人は、ある目的で本を読んでいるとき、その目的に直感的に関連付いた箇所にマークするために付箋を使います。**

例えば、企業の生産性について調べていて、ある本の「従業員の満足度を上げることが、優秀な従業員の離脱を防ぎ、結果的に企業の生産性を向上させる」という文章を読んだとすると、この「従業員の満足度を上げる」という箇所に「これだ！」という感じで付箋を貼ります。

このように付箋が使われるので、自分の目的に関連する内容が多く見つかった本にはたくさん付箋がつきます。付箋の数が、そのまま本の評価になる場合も多いです。

本来、付箋をつける目的は「見返すときにその箇所をすぐに見つけられるためだ」と思う人もいるでしょう。そんな人が付箋がたくさんついている本を見たら、「こんなに付箋がついていたら見返すときに見つけられるの？」と思うかもしれません。しかし、そんな心配は無用です。なぜなら、同時系の方は、付箋の箇所を見返すことがあまりないからです。

同時系の人は、脳内でビジュアル化することが得意です。「これだ！」と思ったところに付箋を貼った、というビジュアルが脳に保存されるので、**わざわざ見返さなくても、その言葉は「たしか文章の右端の方に書いてあって、その上に赤の付箋を貼った」という記憶として思い出すことができます。** つまり、実際の行動が映像化されて保存されているのです。読んでいる本の内容を頭に刻んでいくように、付箋を貼るという行動を使っているわけです。

チェック

付箋を貼ったページを「映像で記憶」している

2 ノートの罫線は無視

プロジェクトを管理しやすいように、罫線が引いてあるノートが販売されています。左側に事象が箇条書きにでき、ノートの下に結論が書き込めるようになっている、という具合です。

こんなノートを同時系の人が使うと、最初のうちは罫線を意識して書き込みますが、次第に罫線とは関係なく自分なりの書き方に変わっていきます。文字の大きさがそろうように罫線が引いてあっても、斜めに強調して大きく言葉を書いて○をつける。結論を書きこむ欄があってもそこは空欄のままノートが綴られていく、という感じです。

関連付けによって理解が進むため、そのときどきにひらめいたことをパッとメモするクセがあるのです。

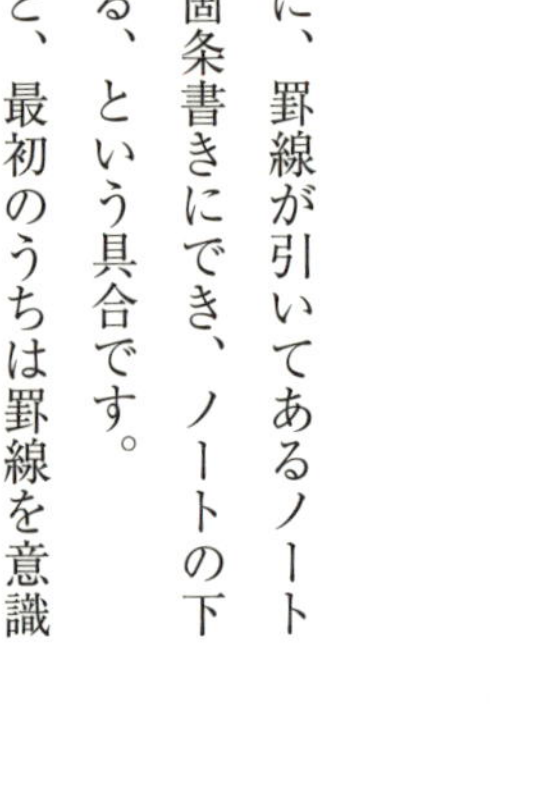

例えば講義を聴いているときに、講師が発したあるフレーズから、講義とは全く関係がない

別の問題の解決策が思い浮かんだとき、講義資料の右上のすみなどに、なぐり書きのように斜めにメモを取ったことはありませんか。当然講義の内容とは関係ないメモなので、他人が見てもよく意味がわかりません。

関連付いて理解できた瞬間に「右上すみに斜めに書いた」という行動がビジュアル化されて記憶されているので、整然と記録されている必要はありません。**必要なときには、「急いでメモを取っている自分」と、「右上すみの走り書き」のビジュアルをパッと思い出せるのです。**

このようなノートの使い方なので、本人はそのノートを見返すと「あー、このときにこれをひらめいたんだった」などとわかりますが、他人が見ても理解できません。同時系の人は、過去に高校や大学で友人から、「授業を欠席したからノートを貸して」とは言われなかったかもしれません。そのノートは、聞き取った事実の記録ではなく、自分の頭の中で起こった関連付けの記録だからです。

チェック

メモするのは「事実」よりも、「ひらめいた内容」を記録するため

3 関係図を描く

同時系の人にノートを見せてもらうと、最初に目につくのは関係図です。

AとBの関係は、A→Bという感じで、文章化されるだけでなく、パワーポイントで挿入するグラフィックのように、循環図や階層構造、ピラミッドなどが描かれています。これも、同時系のビジュアル化の表れです。

例えば、「Aが仕入れた物を販売するために、販売する作業をBに委託する」という文章を理解するときに、頭の中では「A→B→顧客」という図が浮かびます。

ここでBが販売したことに対してマージンをAに請求するならば、A←Bという請求の矢印も加わり、直接Aが販売するケースがあるならば、A→顧客という矢印も加わるはず、という感じで浮かんだ図の中で、事実と理解に相違がないかを確認していきます。このため、図が多

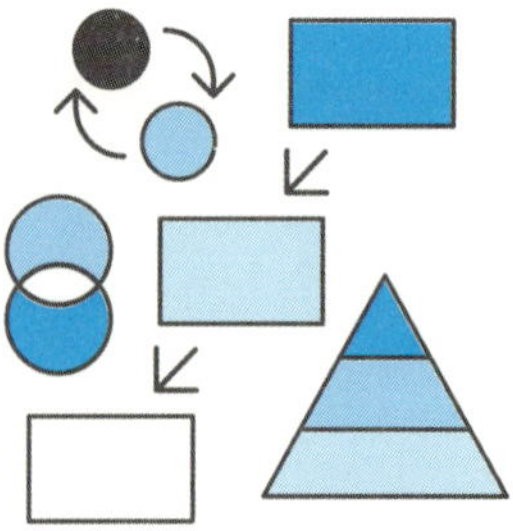

く描かれるのです。

これらの内容を図を用いずに文章化すると、「AはBに対して販売を委託し、Bは販売における利鞘《りざや》をAに対して請求する。ただし、Aが直接販売する場合……」という感じで長く複雑になってしまいます。それを図にすることで、直感的に理解できるようにしています。

実は、**同時系の脳がビジュアル化するのは、言語を作ったり理解する脳内の機能のエネルギーの消耗を防ぎ、言語システムへの負担を軽減している「省エネ戦略」なのです。**

さらに関係図には、それより上、それより前といった物事の位置関係が描かれます。立場が上の人を上に描いたり、過去のことを左に描くという感じで、物事の関係性を空間内に配置するのが関係図の特徴です。これは、同時系が空間を把握する能力に長けていることに由来します。

チェック

ビジュアル化は、脳の消耗を防ぐ省エネ作戦！

4 手を使ってしゃべる

同時系の人は、会食をしていると、周りの人より食べるスピードが遅いことがあります。それは、しゃべるときに手振り、いわゆるボディーランゲージを使うからです。

『「ここ」の話をしているのに（右手を高く上げて位置を示し）、「ここ」の話を（左手を下げて低い位置を示し）出してくるんですよ。もうぜんぜんかみ合わなくって』という感じです。

これは、**相手と自分の「話の理解度」という視覚にならない情報が、当人の頭の中ではビジュアル化されていることの表れです。**

同様に、さっきの話は左側に、今は真ん中、これからの話は右側という感じで、時系列を手振りで表すこともあります。時間の情報を空間の情報に置き換えて理解しているのです。

立食パーティーなどで同時系の人が話をしていると、離れたところから見ていても、なんとなくどんな話をしているのかわかることがあります。直感的に、ビジュアル化して理解しているので、それをそのまま相手にも伝えているからです。

この手振りが有効に働くことがあります。それは、相手に自分を印象付ける場面です。同時系の人は、プレゼンテーションが得意です。私たちのコミュニケーションは、言語や声の質より、身振り手振りのボディランゲージがもっとも相手の感情に影響することが知られています。同時系の人の話には、たとえあまり根拠がなかったとしても、自然にひきつけられてしまうのです。

チェック

「抽象的な概念」をビジュアル化しながら理解している

5

本棚に「本以外の物」が置いてある

この傾向は本書のテーマである片づけに大きく影響するポイントになる行動です。

同時系の人の本棚を観察してみると、あることに気づきます。

それは、本の大きさで分類されて、大きいサイズの本から小さいサイズの本へと階段状に陳列されていることが多いことです。または、両端が大きなサイズになり中央が小さくなる「吊り橋型」や大きなサイズから小さなサイズへの陳列が複数ある「ウェーブ型」の陳列もあります。

同時系の人は、ビジュアル化が理解を左右するので、**「見た目」をとても重視します。**

一般的に本棚は、「必要なときに必要な本がすぐに見つかる」ことが大切だと考えます。このため、ジャンル別に分けたり、著者を五十音順に並べたりすることが多いのです。

一方、**同時系の人の本棚は「見ていてうれしくなる、勉強したくなる、アイデアが浮かぶ美しい陳列である」ことを重視します。**ですから、ジャンルを超越した陳列になりますし、五十音順に並べたりもしません。

うれしくなることが重要なので、本以外の写真やら貯金箱やらフィギュアやらも並びます。継次系の人から見たら、「ゴチャゴチャしている」「使いづらい」と感じるかもしれません。

ここに、片づけそのものの概念の違いを垣間見ることができます。

同時系には継次系とは異なる「散らかっている」「片づいている」という評価基準があるのです。2章では、同時系に適した「片づけの概念」についてご紹介していきます。

チェック

独自の評価基準で片づけを捉えている

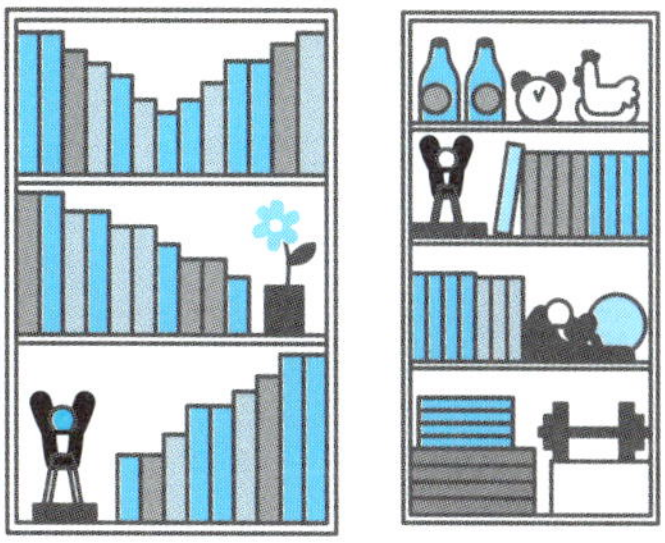

6 言動には、こんな特徴がある

これまでは行動の痕跡をたどってみました。

次に着目するのは同時系の人の思考です。

次項で詳しくお話ししますが、同時系の言動にはある特徴があります。主に見られる傾向は次の3点です。

（1）「面白いかどうか」が基準になる
（2）「絶対そうです！」と言う
（3）すぐ落ち込む

いかがですか。あなたにも思い当たる言動はありますか。では、具体的に見ていきましょう。

2 こんな言動に気づいてますか？

では、いよいよ同時系の人の思考を探っていきます。より客観的な視点をもつために、同時系とは異なるタイプ、すなわち論理思考に長けている継次系（27ページ参照）の「上司の証言」を紹介するという形で説明していきます。耳をふさぎたくなる場面が出てくるかもしれませんが、自分の脳を客観的に見直すよい機会と捉えて、読み進めてみてください。

1 「面白いかどうか」が基準になる

課長のAさんが、同時系の部下についてこんなことを話してくれました。

「指示通りに行動してほしい場面で、突拍子もない発想で周りをかき回すことがあります。先日は、各デスクの島ごとに、「片づけの計画を立てて」と指示したら「フリーアドレス制にしたい」と言い出して……。毎日、デスクを自由に変えられるようにしようとメンバーと話し合ったというんです。コミュニケーションを円滑にするメリットはありますが、今すぐやるのはちょっと、ねぇ。三角形をつくってと頼むと東京タワーみたいなすごいのを持ってくる感じです。『その必要はない』と説明していると、保守的な上司が部下を否定している、というような空気になるので困ります」

この話からわかるのは、**同時系の「物事の評価基準」です。**

同時系の人の評価基準は「面白さ」です。面白ければ評価が高いし、つまらなければ評価が低い。この評価基準で仕事をすると、何気ない仕事に対しても、最新の流行や問題を根本から解決する斬新なアイデアを出そうと頑張ります。

ピンポン球や紙コップを渡されて、「まったく新しい使い道を考えてください」という課題を与えられると、斬新なアイデアを出し、とても優秀な結果を出すことができます。

常に、相手の要求の少し上を行くことを「良い仕事」だと認識しているのです。これは、上

司が同時系の場合は、「面白いね。では早速やってみよう！」となることもありますが、継次系の場合はそんな展開にはなりません。

継次系の人の評価基準は、「トラブルがないこと」です。予定通り、想定した通りにことが運び、期待した通りの結果が得られれば「良い仕事」だと認識しています。そんな相手に斬新なアイデアを提案すれば、それは「良い仕事」とは評価されません。

なぜなら、それを実行した結果がどうなるかがわからないので、トラブルが起こる危険性が高いからです。

会社や家庭など、複数の人が共通の目的で活動する場合、その活動の良し悪しの評価は「面白さ」と「トラブルのなさ」が同居します。どちらが正しいかということではありません。**社会の中でうまく自分の力を発揮するためには、「トラブルを防ぎつつ面白くする」技術が要求されるということです。**

チェック

トラブルを防ぐ視点を持ちつつ、面白さを追求する

2

「絶対そうです」と言う

人事部長のBさんは、部下の提案に対してこう感じているそうです。

「やる気は買いますが、思いつきが多くて……。提案した理由を尋ねると、根拠も言わずにうまくいくと言うのです。なぜそう思うのかを具体的に聞こうとすると『絶対そうです』の一点張り。『何を根拠に言えるんだ！』と言いたくなりますが、ムキになってもしょうがないから流しています」

同時系の人の口グセに「絶対そう」という言葉があります。世の中に絶対などというものはないのですが、相手を説得しなければならないような不利な立場での会話では、会話の内容がエスカレートしてくると「絶対そう」「みんなそう」「いつもそう」という極端に断定する言葉を使うことがあります。

この口グセも、関連付け、ビジュアル化に由来しています。先ほどもお話ししたように、**同**

時系の関連付け能力は、独自の共通点を発見することです。その発見は、直感的、抽象的にビジュアル化されます。そこで最も苦手とするのが、エビデンス、根拠です。この苦手な根拠を明確にするように追及されると、答えに詰まります。なぜなら、そのアイデアは直感的に発生したものだからです。そのアイデアの有効性を説明するには、直感的に表現する以外にありません。そこで「絶対そう」「そうに決まっている」という言葉が使われるのです。

さらに、ビジュアル化は言語システムへの負担軽減の役割がある、とお話ししました。言語での詳細な説明のために費やすエネルギーを戦略的に省略したのに、詳細な説明を求められても対応できないのです。

では、同時系の人のアイデアには根拠がないのか、というとそうではありません。**同時系には同時系なりの「根拠の作り方」があります。**かいつまんで言うと、「量」を積み重ねてエビデンス（根拠）にすると良いのです。詳しい方法は、7章でお話しします。

チェック

自分なりの根拠を持って話すと、意見が通りやすい

3 「すぐ落ち込む。否定されたと被害者ぶる」

営業企画の課長Cさんは、同時系部下のやる気のムラをどう扱えばよいのか困っていました。

「我が社では、商品の販売促進のためにイベントを企画します。企画の立案時には、クリアしなければならない課題がたくさんあります。部下が持ってきた企画も同様です。イメージ先行で詰めが甘い箇所を指摘してやり直すように言うと、企画自体をあきらめてしまうんです。『だめだと言われたのでやめました』と言って。『初期の段階であきらめたら、何もできないぞ』と話すんですが、なぜか私が彼のアイデアをつぶしたように持っていこうとするんですよ」

この話は、同時系と継次系がどのように物事を理解しているのか、その仕組みがわかると解決します。詳細は59ページのコラムを参照してください。

Cさんは継次系で、情報に不足分があるとスッキリと理解することができません。ですから、人の話を聞いているときにも、不足している情報が自然に見つかります。

チェック

自分とは違う評価基準を持っている相手がいると心得よう

一方、**同時系の部下は、「直感」を頼りにしています。**漠然としたイメージを提案しているので、誰が見ても理解できる根拠などありません。**そのうえ、彼の評価基準は「面白さ」です。**不足した情報を指摘された彼は、「課長を納得させるには、もっと面白い企画を考えないといけないのか」とがっくり落ち込んでしまったのです。**コミュニケーションのすれ違いは、お互いの脳が何をもって理解しようとしているのか、その戦略の違いだったのです。**このことは、同時系と言えども、社会で活躍していくために、自分とは違う理解の仕方をする相手を納得させる技術が必要なのだ、ということを物語っています。これについては7章で習得しましょう。

さらに深める！

自分の脳はどうやって「わかる」のか

脳は４つの方法で物事を理解しています。
「直感」「置き換え」「まとめ」「法則」です。
これについては2章でも説明するので、ここでは概要をお話しします。

同時系は、「直感」と「置き換え」を頻繁に使う傾向があります。

「直感」とは、その言葉の通り、前後の脈絡なく突然ひらめくことです。
「置き換え」とは、自分の知っている知識に置き換えて考えたり、一見関係ないイメージを物事の理解に使う場合です。

「仕事の力配分ができず、完璧にやるか何もできないかのどちらかです。まるで短距離ランナーが長距離をダッシュで走ろうとするみたいに」

という感じで、自分や相手が伝えたいことをあるイメージや体験に置き換えて理解します。

一方で継次系は、「まとめ」と「法則」を頻繁に使います。「まとめ」とは、ある物事の1から10まですべての情報を得て初めて理解する場合です。

最初から最後まで話を聞いて理解するので、情報の不足分があると、納得のいく理解をすることができません。「法則」は、ある物事の因果関係を見出したり、過去の事例からあるパターンを見つけて理解する場合です。予測をすることで、理解までにかかる時間を短縮します。

4 「わかっていないのに、すぐにうなずく」

チームをまとめる係長のDさんは、部下をいくら指導しても同じ間違いを繰り返すことに頭を悩ませていました。

「トラブル防止のために、重要書類を処理するときには、後でやったり人に頼んだりしてはならない、という職場のルールがあります。

でも、彼女はそのルールを守らずに、別の作業を優先することが多いんです。いくら『最優先で処理して』と指示しても『わかりました』と言って取りかからず、ミスを連発します。

普段から、話をよく聞かないのです。私が説明を始めると理解していないのに、すぐうなずいたりして、何も聞いてないなと感じることが多いのです」

企業で「認知特性」をテーマに研修をしていると、ときどきこんな質問を受けます。「相手が同時系か継次系かを一発で瞬時に見抜く方法はありますか?」と。

この質問は、主に金融機関や携帯ショップなど窓口業務がある業種の人から受けます。
窓口の対応に、顧客の認知特性がかかわるからです。

結論を急ぐトップダウン思考の同時系の顧客に、「お客様が購入された商品は□□で……。さらに、この商品は……」などと、時系列で事実の説明をしていくと、顧客は「そんなことはわかっている！　対応するかしないかどっちなんだ！」と怒ってしまいます。

反対に、情報の不足があると納得できない継次系の顧客に対して「今回は無料で対応させていただきます」などといきなり結論だけ述べると、顧客は「なぜこうなったのかの説明がない！不誠実だ！」と怒ってしまいます。

そこで窓口業務の方から、願わくば、できるだけ早い段階で相手の認知特性を見極めたい、という要望をいただきます。**このとき注目して欲しいのは「うなずくタイミング」です。**

あなたが聴衆に向かってプレゼンテーションをしたときを想像してください。話の途中で「うん、うん」とうなずく人と、じーっとあなたの話を聞き、ある程度の節目になって初めてうなずく人がいると思います。前者が同時系、後者が継次系と考えられます。

同時系は、直感的に理解します。趣旨がわかれば理解したことになるのです。

あなたが壇上に上がったときや、ファーストスピーチの段階で、「この人の話は有意義だ」と決めてかかることもあります。その評価軸は「面白さ」です。

話している相手に対して反応しないなんて、そんなに失礼なことはない、と考えるのが同時系です。「聞いてますよ」というメッセージを伝えるようにうなずいています。または、「つまらないからさっさと結論を言って」という意味でうなずいていることもあります。

一方、継次系である係長のDさんは、人の話を聞くときには、途中で口を挟むことなく最後まで聞きます。もちろん、**話の前半でうなずいたりはしません。情報不足だからです。**

Dさんにとってのうなずきは、「理解した」というメッセージなのに対して、部下にとってのうなずきは、「聞いています」もしくは「結論はなんですか」というメッセージなのです。

このように、同じ「うなずく」という行動でも、全く位置づけが異なるのです。

先にゴールがビジュアルで用意される同時系には、話の冒頭で結論を知ることが大切です。

このことは片づけにおいても重要で、「同時系なりの片づけ方がある」という結論を得ることで、そのあとの情報はどんどん連結していきます。

チェック

話の途中で頻繁にうなずくと、「聞いていない」と思われることがある。相手が「うなずき」をどう捉えているのかを考えよう

5「自分の努力を認めない」

キャリアカウンセラーの資格を持つEさんは、同時系の社員の相談には特徴的な傾向があると話してくれました。

「仕事を辞めたいと思う理由は人それぞれですが、『もっと面白い仕事がしたい』とか『今まで仕事をしてきて自分は何もできていない』という感じで、過去の業績を低く見てしまう傾向があるように思います」

面白さが評価基準の同時系は、頼まれた仕事や持ちかけられた相談に対して、相手の期待よりさらに上の結果で返そうと考えています。

そのため、常にアイデアを練り、他人が思いつかないことを見つけようとしているのですが、その反面、出した結果をあまり覚えていません。というより、自分が出した結果に飽きてしまいます。「もうそれは終わったことだから、今はこれをやっていて」という感じです。なぜなら、頭には次のゴールが浮かんでいて、すでにそれに向かっているからです。

これは常に向上心がある、と受け取ることもできますが、行動を完結しないまま関連付いた物事に着手している結果であるともいえるのです。

脳のエネルギーが消耗して、一時的に行動を起こせなくなると、「今まで何をやってきたんだろう。私には何も残っていない」と悩んでしまう傾向があるのです。

同時系が片づけを習得するメリットは、自分がその都度工夫してきた記録が残ることです。

エネルギーをただ放散するのではなく、行動を完結させていくことで、1つずつタスクが片づき、その片づいたタスクの痕跡が、「今」のあなたを支えてくれます。

チェック

片づけは、1つの行動を完結し、形にするという習慣づけに使える

3 こうした特徴を片づけに活かせる!

ここまで、同時系の脳を持つ方の行動の痕跡を見てきました。継次系の上司の証言を参考にすることで、考え方の特徴ややりがちなクセがわかってきました。

これまでご紹介したエピソードをヒントにして、同時系の特徴をまとめておきましょう。

- 行動で記憶に残す
- 書くことは関連付けの記録
- 空間を把握することに長けている
- 見た目が大切

・「面白さ」が評価基準
・「量のエビデンス」をつくることが大事
・「直感」や「置き換え」で理解する
・はじめに結論が欲しい
・努力してきた過去を振り返らない

これが同時系の特徴です。すべてにピンときたわけではないかもしれませんが、「なるほど！」「あるある！」と感じる行為があったのではないでしょうか。

自分を客観的に捉え直すきっかけがつかめたら、次は、なぜ同時系にはこのような傾向があるのか。そのメカニズムを理解しながら、片づけるためのベースとなる考え方をつくっていきましょう。

2章

まずはココから！

画期的！　この方法でもう散らからない！

1

散らかる「意外な原因」とは？

思い切って片づけてみたら、何がどこにあるのかがわからなくなって作業が滞ってしまった。こんな経験があると、**「私は散らかっていないと仕事ができない性格だ」と断定してしまいがちです。でも、脳にそんな性格などありません。**

「散らかっていないと」という言葉の意味を整理しましょう。この言葉を負け惜しみのように使ってしまうとき、「散らかる」という言葉は、継次系の脳における意味で捉えられています。

つまり、「同じものが同じ場所にそろって並んでいない」という意味です。**あなたは同時系。ならば、継次系の基準で考えるのをやめてみましょう。**

同時系における「散らかっている」は、独自に関連付けたある作業とある作業が、実際には

なぜ、散らかるのか？

Check **業務を関連付けようとするクセがある**

うまくかみ合わなかった、ということです。

ある社員の方の例です。経費の計算をしなければならないと思って、レシートや領収書を机に置いていました。そこに、データを入力しておく資料を重ねて置きました。

これは、「何も考えずに行う単純作業」だと無意識のうちに関連付けられたために行った結果ですが、肝心な単純作業を行う時間を設けませんでした。その後も単純作業だと判定された郵便物や資料が重ねられていき、結果的にデスクの上が散らかってしまいました。

散らかった原因は、頭の中で作業効率を高めようと関連付けたことによります。ですから、同時系における「散らかっていないと仕事ができない」という言葉は、作業を関連付けて効率を上げないと仕事ができない、という意味です。つまり、**同時系にとって散らかることは、「効率よく仕事をしようと努力した結果」というわけです。**

仕事でも家事でもプライベートの場面でも、あなたの頭の中に、「作業を効率化する」という考え方があるはずです。「ラクをする」「はしょる」「便利にする」という言葉の方がぴったりかもしれません。
その考えは、過去に作業を関連付けたら一度に複数のことを終わらせることができた、という記憶に由来しています。これが根底にある限り、あなたは何をしていても「もっと効率よくできないかな」と考えます。このように聞くと、とても良い取り組みをしている感じなのですが、結果を見てみると、デスクが散らかっています。なぜ、良い取り組みなのに散らかるのでしょうか。

チェック

作業効率を高めようとして、散らかる原因をつくっている

2

継次系と同時系の「片づけ」はココが違う！

これには、同時系と継次系の**「効率化」の戦略の違い**が関係しています。

継次系の効率化は、トラブルを減らすことです。

トラブルが起これば、またその修正からやらなければならないのは非効率なので、トラブルが起こらないようにする。これが効率化です。

製造業を中心に広く使われるビジネスフレームワークであるＰＤＣＡサイクルが良い例です。「Ｐｌａｎ」→「Ｄｏ」→「Ｃｈｅｃｋ」→「Ａｃｔｉｏｎ」というサイクルを回すことで、行動によって得られた視点を次の行動に反映させます。

これを「デスクを片づける」というプランに対して実行します。例えば、実行した結果をチェッ

「効率化」の意味はこんなに違う

デスクの整理中に
大事な名刺が出てきたら……

Check 継次系は、トラブルを避け
同時系は、ついでに済ます

クしてみると、デスクの上に新規取引先候補の名刺が数枚置かれている。これは、デスクを整理するというプランに対してはトラブルです。

これに対して、取引先になり得る名刺はスキャンしてデータ化しファイリングする、という行動を新たに設定する。これで、次からは名刺がデスクに置きっぱなしになることはなくなる。このようにPDCAサイクルを回していけば、自然に片づけるために必要な行動が標準化され、いつの間にか、散らかることがないデスクが出来上がるでしょう。


ここまではよくある話です。この話を聞いたあなたが、「PDCAサイクルで行動をバージョンアップしていけるはず」と思ってしまうと、結果的に「私は片づけができない性格だ」と自分を責めてしまうことになります。あなたの戦略は違うのです。

同時系にとっての効率化は、ついでにもう1つ済ませること。1つの作業から関連付いたまったく別の作業を〝同時に終わらせてしまうこと〟を狙います。うまくいけば一石二鳥ですが、果たしてどうなるか、先ほどの例を見てみましょう。

デスクを片づけて、しばらくしたらデスクの上に新規取引先になり得る名刺が置かれていました。これを見て、前回会ったときからだいぶ時間が経っていることに気がついたので、改めてご挨拶のメールをすることを思いついた。ただメールをするだけではスルーされてしまうので、最新の情報を1ペーパーにまとめて添付してみることを企てた。そして資料の作成を始めた。

おわかりだと思いますが、**関連付けによってアイデアがひらめいたので、タスクが「片づけ」から「資料作成」に入れ替わってしまいました。**当然、名刺はデスクに置かれたままで、さらに資料までセットで置かれることになり、デスクの上の物が増えています。

これまで様々な片づけ方法を読んで実行してもすぐに元通りになってしまったのは、この「効率化」の戦略違いが原因です。同時系の「ついでに済ませる」という戦略が誤っているのではありません。**誤っているのは、自らの戦略とは異なる、継次系の戦略を表面的に真似していることです。**脳が違うのですから、自分の脳に合わせた戦略を取っていくことが重要なのです。

チェック

「ついでに済ませる」を機能させることが大事！

3

「通常」の分類方法が役に立たないワケ

服をタンスにしまうとき、最初は種類別に分けていたのに、途中からゴチャゴチャになってしまう。そんな経験はありませんか。これも同時系の人によく見られる、ある分類法がもたらす現象の一つです。

一般的には、ものを種類別に分けてからしまうことが推奨されます。ここに落とし穴があります。この「種類別に」という言葉が問題です。実は、**脳の特徴の違いから、継次系と同時系が捉える「種類別」の認識が異なるのです**（82ページコラム参照）。

タンスの整理を例にしてみましょう。継次系の「種類別」とは、Tシャツ、タンクトップ、長そでなど同じ種類のものを集める、ということです。そんなの当たり前だろう、と思われるかもしれません。

「種類別」の意味はこんなに違う

タンスを整理するときに……

継次系は →Tシャツ、長そで、ズボンに分ける

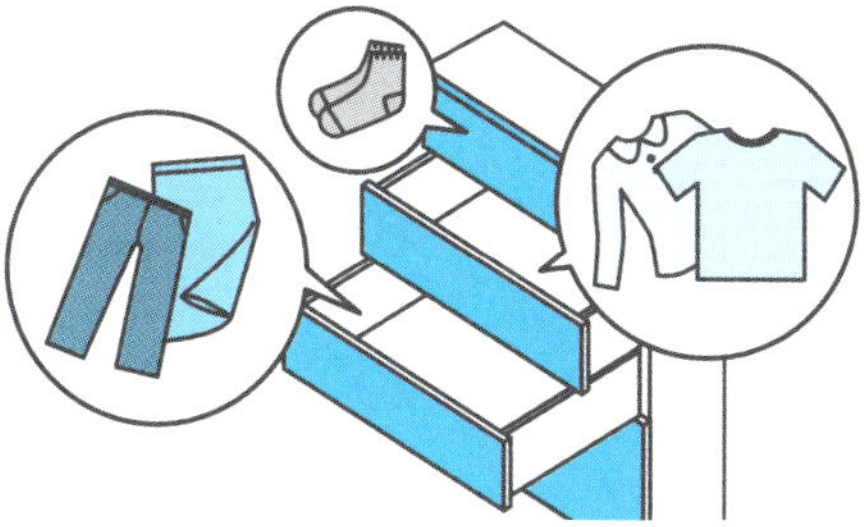

同時系は →「行動別」に衣類をしまう

Check **同時系は、目的に応じて分類する**

しかし、同時系の「種類別」は全然違うのです。**同時系の人は、「今日は人に会う日だ」と思ったら、まず人に会っている場面がビジュアル化されます。頭に浮かんだビジュアルで着ている服が「人に会うときの服」という種類に分類されます。**そのほかにも、「リラックスする」「運動する」「買い物に行く」といった多様な分類が存在し、その種類に沿って衣類がしまわれていきます。

例えば、朝起きて「ランニングしよう」と思いついたらタンスを開けて、ランニングセットがしまわれている場所に手を突っ込み、ごそっと服を出して着るといった具合です。当初、タンスの中がシャツや下着といった種類で分けられていても、いつの間にかシャツと下着と靴下が同じところにしまわれていくわけです。このように同時系は継次系とは異なった基準をもっているのです。

この例からもわかるように、**同時系には、他人にカテゴリーを決められてその通りにそろえるという戦略はうまくはまりません。**継次系の人から「まずデスクの上を書類と文房具とデジタル機器に分類して……」と片づけの指導をされても、頭の中では全く別のイメージを浮かべていたりします。例えば、「メモ帳を取り出したときに、すぐ近くにペンがあると便利だな。図を描いたらすぐスマホで写真を撮って保存できるように置いておこう」というように。両者の戦略はまったく別の方向を向いているのです。

同時系が片づけをするときは、そのものが何の目的でどのように使われたのか、という**自分の行動を1つの種類にまとめて、独自の名前をつけて置いておく**のが得策です。

例えば**「頭を整理するために」「アイデアを広げるために」「気分転換するために」「快適に働くために」**といった具合に、行動ごとにものを分類しておくと、その行動をとりたいときにサッと必要なものを手にすることができます。

デスクが散らかっていても自分は損しません。しかし、「勝負するぞ！」と思ったときに「勝負」に必要なグッズがそろっていなければ勝負できない。これでは困ります。あくまでも、目的を果たすための手段として片づけがあるのです。

チェック

自分の行動に合わせて、ものを分類する習慣がある

さらに深める!

自分の脳が得意な分類方法とは？

同時系と継次系の「種類別」が全然異なるのは偶然ではありません。

脳には、「種類別」をつくる2つの機能があって、それぞれ別の機能を使っているのです。脳の働きを扱う神経心理学には、「種類別」をつくる機能を検査する方法があります。これは、認知症の検査などに使われています。

1つは、あるカテゴリーに該当するものを制限時間内でできるだけたくさん答えるという検査です。 検査者が「動物の名前をできるだけたくさん挙げてください」というと、検査を受ける人は「犬」「猫」「馬」……という感じで思いついた動物の名前を挙げていきます。これは、脳の横に位置する**「側頭葉の機能」**を検査しています。側頭葉では、様々な記憶を「種類別」に分けて貯蔵する働きをしています。

例えば、「桃太郎に出てくる動物は？」と聞かれて「犬」「猿」「キジ」と答えるとき、桃太郎の話の中から「動物」というキーワードに該当するものを選別しています。これは先ほど、タンスの中を見て「Tシャツ」「タンクトップ」「長そで」と選別をしたときに使われていて、継次系の人は比較的これらを列挙するのが得意です。

もう1つは、ある「語音」に該当するものをできるだけたくさん答えるという検査です。

「か」から始まる言葉をできるだけたくさん挙げてください」という課題に、「カラス」「カメラ」「缶詰」という感じで単語を挙げていきます。これは、脳の前に位置する**「前頭葉の機能」**を検査しています。前頭葉は、側頭葉に保存された種類別の記憶から、「か」で始まる言葉という「目的」に見合った単語を、カテゴリーを横断しながら探していきます。

このように、**ある目的に向かって必要な記憶を検索して行動に反映させるのが前頭葉の働きです。この課題は同時系の人が得意な傾向があり、**先ほどのタンスの例では、「リラックス」「運動」などといった「目的」が種類別の基準になっていたのです。

4 なぜ、乱雑でも、それなりに位置を把握できるのか？

あるデザイン事務所で研修をさせていただいたときに、こんなことがありました。

ある方のデスクの上には、書類や本が山積みになっていて、座るとかろうじてパソコンを扱える程度のスペースしかありません。上司が、

「それじゃ仕事にならないだろう。A社の提案資料を出してみろ」

と声をかけると、「あっ、それならここにあります」と書類の山の中腹からスッと取り出しました。本人はニコニコ、上司は苦笑いというエピソードです。


あなたも、たとえ他人から散らかっていると指摘される部屋だったとしても、物のありかは大体頭に入っているのではないでしょうか。

探そうと思えば見つかる――。なぜ、散らかっていても見つかるのでしょうか。

そのヒントは、探そうとしたときのあなたの頭の中にあります。

あなたは、例えば「穴あけパンチ、どこだっけ？」といつも使うわけではないものを探そうとしたとき、どんなことが頭をよぎりますか？

「確か、前にキッチンでレシピメモをまとめるときに使ったような……」という感じで、過去のあなたが行動しているビジュアルが浮かぶのではないでしょうか。

1章で、同時系は「行動で記憶する」とお話ししました。**覚えるときも行動を用いますが、思い出すときも行動を活用します。**例えば、探し物をするときに、「キッチンへ行って、以前通ったルートから右手にはこれを持っていて……」などと、と動作を再現して思い出すこともあるでしょう。

自分の行動を直に見ることはできないので、ビジュアル化されているのは、「外」からあなたを観察している視点です。ですから、実際に視覚像に映った記憶ではなく、体を動かしたり手に触れたりしたものや、そのとき聞いた音などから後付けで作られた映像です。

自分の行動を映像化して記憶しているので、思い出すときにはその映像をビデオで再生するかのように思い描いているのです。

記憶を映像化することにはメリットがあります。それは、空間情報が追加されることです。キッチンでレシピメモをまとめるときに使った、という記憶では、キッチンの高いところか低いところか、右側か左側かという情報はありませんが、「こんな感じでまとめる作業をした」という映像にはキッチンという空間内のどのあたりにあるのかという情報が加わっています。

この行動を映像化して記憶する機能により、散らかっていても大体物のある場所がわかるのです。ということは、**同時系が片づけるには、過去の自分の行動映像をもとに、自分の行動を再現できるように物を配置していけばよいことがわかります。**

チェック

「行動を映像で記憶する」という特性を活かそう

さらに深める！

脳がビジュアル化する「仕組み」

脳が右と左に分かれているということは、聞いたことがあると思います。実は、脳は左右だけでなく、前後にも分かれています。

ここでは、この前後の脳の話が関係します。ちょうど耳のあたりを境にして、**前の脳を「前頭葉」、後ろの脳を「頭頂葉」と言います。**

脳は、見たり聞いたり触ったりして、外からの情報を得ます。見ることは頭頂葉より後ろの内側にある「後頭葉」が、聞くことは脳の横側に位置する一部の「聴覚性言語野」が、触ることは「頭頂葉の一部」がそれぞれ情報を得ます。

これらの情報が頭頂葉の一部、後方連合野に集められます。それぞれの情報が統合されて、脳の外で何が起こっているのかが明らかになります。

「後頭葉」で得られた視覚情報は、「頭頂葉」で空間内の座標情報が加わります。これにより、横から車を見ていたとしても、脳の中で座標を切り替えて、前から見たり上から見たりすることができます。**同時系はこれらの部位が優位に働きます。**

次にこの情報を「前頭葉」の「前方連合野」に送ります。「前方連合野」では、脳の外で起こったことに合わせて行動を計画して命令します。情報が「前方連合野」に送られる途中で、側頭葉の海馬という部分を経由します。海馬は記憶を貯蔵している部位なので、過去の記憶情報が加わることで、単なる感覚情報にその人なりの意味付けがなされます。

この流れはすべての人に共通するのですが、**継次系の脳は、海馬との情報の照合が特に頻繁に行われます。**それに対して、**同時系の脳では、「頭頂葉」と「後頭葉」が優位に働きます。**これが同時系のビジュアル化・空間情報への変換が行われる要因です。過去の記憶との照合が強い継次系に比べて、**ビジュアル化された情報から行動を命令する同時系は、関連付けや直感的な行動が多く見られます。**これが直感で行動できるメリットと、行動を抑制しにくいデメリットの要因です。

5 「積み重ねる、整理しない、ため込む」に対策する！

なんとなく同時系の片づけのポイントが見えてきましたね。

そのゴールイメージをさらに明確にしていくために、同時系のやりがちな散らかりの対策を立てておきましょう。同時系の散らかり要因は次の3つです。

①積み重ね
②置きっぱなし
③ため込み

これらについて、一つずつ整理し対策を立てていきましょう。

1

「積み重ね」の対策をする

あなたには、普段から本や雑誌などを縦に積み上げる習慣がありますか？

現在、机や床に積み上がっているものがあったら、それを眺めてみてください。どんな感じがしますか？「なんか勉強してるって感じ」ですか？

それとも「アー、こんなにやらなきゃいけないことがあるのに全然できていない」という感じですか？ もしかしたら、後者の感じがした人が多いかもしれません。


どうせ積み上げるなら、「なんかはかどっているって感じ」な積み上げ方をしましょう。


なぜなら、同時系には見た目が重要だからです。

あなたが過去「仕事や勉強がはかどった」と感じた場面を思い出してください。

例えば、「勉強するぞ！」と図書館に行って、気になった本を5冊手に取ってデスクに積み上げて座る。最初の1冊目を集中して読んでノートにメモをしていたら3時間くらい経ってい

積み重ね方を工夫する

✖ あちこちに積み重ねる

〇 読んだ書類を「右側」に置く

Check はかどっていることが
ひと目でわかる！

て、「オー、なんか集中したなー」と感じて後の4冊はパラパラめくって本棚に戻す。

このように、やることを積み上げておきつつ、積み上がったものがすべて完結していないのに満足感を得た経験がありませんか？

与えられた課題をすべて完了する、というのは継次系の目標です。

同時系の目標は、「知りたいことが見えてきた」「ヒットするキーワードが見つかった」「考えがつながってきた」といった、**目の前の課題そのものではなく、課題を通じてその先の目指すべきゴール像に近づくことです。**

ですから、そもそも積み上げたものをすべて処理する必要はありません。**過去に作業がはかどったときの空間を再現するために、積み上げてみましょう。**

例えば、**左側に積み上がったものを処理して右側に積んでいく**、というように。

これで右側の方が高くなると、それだけはかどったということがわかります。このように見た目で成果をわかりやすくし、作業に集中している自分を演出しましょう。

●対策：考えがまとまる順番に「下から積み上げる」

何かのアイデアを考えているとき、**その「考えの根底」にかかわる本から順に、積み上げてみましょう。**上に行くほど、考えが発展していって具体的な方法となり、下に行くほど、基本的な理論に立ち戻っていくというわけです。

そんな積み上げ方ができれば、本を読んでいなくても、あなたがどのように考えてきたのかを示すプロセスが一目でわかるので、何かが生まれそうな感じがしてくるはずです。

2 「置きっぱなし」を上手に活かす

関連付けによって作業の途中で別の作業に移行した場合、前の作業で使っていたものはその場所に置きっぱなしになります。これが散らかる要因です。

ここだけに注目すれば「使ったものは元の場所に戻しなさい！」と片づけの基本を指摘されてしまいます。

本書ではもう少し、踏み込んで考えてみましょう。**ものが置きっぱなしになったということは、別の作業に移行したということ。つまり、ひらめきが起こったということです。**見方を変えれば、その場所は「ひらめきを生む場所」と捉えることができるのです。

オフィスや自宅の間取り図を描き、自分のものが置きっぱなしになった場所を線で結んでみましょう。すると、まず、自分がその空間をどのように利用しているのかがわかります。

自宅であれば、広い空間のごく狭い部分しか使っていなかった、ということに気づきレイアウトを変えるきっかけになるかもしれません。そして、置きっぱなしになった場所をマークす

ひらめいた場所をマークしよう

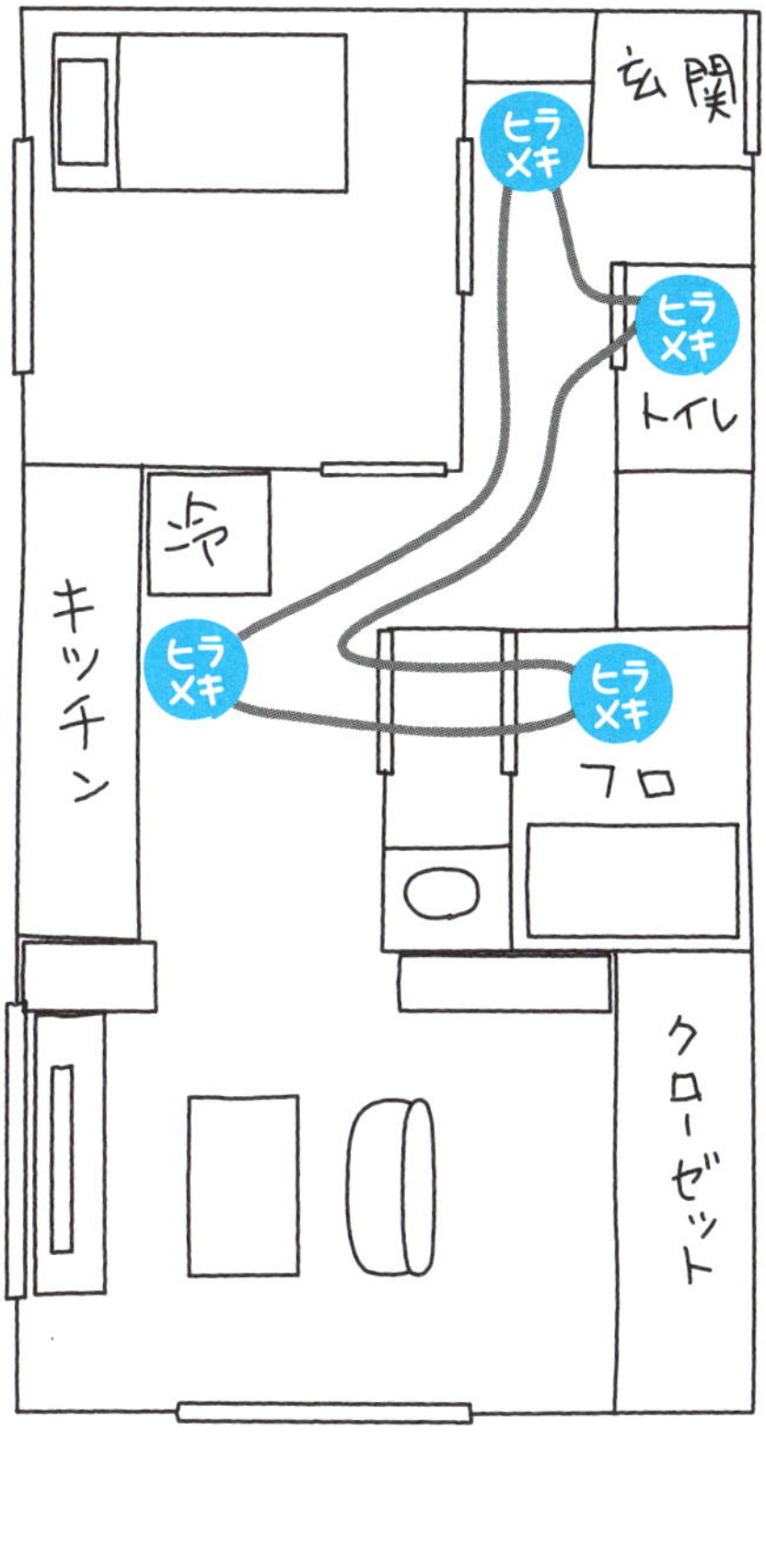

Check

ひらめく場所がわかったら積極的に活用できる！

れば、その場所はあなたがいつもアイデアをひらめく場所だということがわかります。

情報が交錯する場所であり、イノベーションが生み出される場所です。

そこからは何が見えるでしょうか。どんな音が聞こえたりどんな話が交わされるでしょうか。そこは、トイレや洗面所かもしれません。脳は、ぼんやりしているときに、デフォルトモード神経回路が働きひらめくことが知られています。デスクから離れて水回りでひらめいたというエピソードも経験があるはずです。

置きっぱなしの動線を描くことができれば、それは、あなたの脳に起こったひらめきを再現する材料になります。**考えに煮詰まったら、置きっぱなし動線をぶらぶら歩いてみてはいかがでしょうか。**きっと脳内で新たな情報のつながりが生み出されるはずです。

●対策：「置きっぱなし」にした場所に行って、周りを見てみる

置きっぱなし動線を使って、ひらめきを再現してみましょう。置きっぱなしにした場所に行き、そこから何が見えるかを確認すると、あなたの眠った記憶を刺激するものが目に入る確率が高いのです。

3 「ため込み」への対策

突然ですが、スマホの充電器をいくつも持っていませんか？

バッグの中にマスクやボールペンがいくつも入っていませんか？

同じものを複数ため込んでしまうのも、同時系のその都度工夫して行動することの表れです。行った先で必要なものを持っていないことに気づいて、急場をしのぐために購入する。これを繰り返していると、同じものが手元に増えていきます。

これは、準備不足が原因ですが、小学校の遠足のように必要なものをリストに書き、リストを見ながら準備しよう、とは考えないでください。これは継次系の戦略です。

同時系は「ビジュアル化」を用いましょう。**行動を映像化してみるのです。**「朝、家を出てコンビニによって雑誌コーナーをざっと見てからサンドイッチを買い、おっといつも噛んでいるガムが残り少なかったかも。買い足しておこう。電車に乗って会社に行き、デスクに荷物を置いて仕事を始める。午前は会議で資料を配り、あっホッチキスがいるな。午後になったら新規の取引先に訪問する。多分受付があってそこで名前を書いて……おっと相手の部署はなんていう名前だったか調べておこう」という感じです。**頭の中であなたを動かしてロールプレイしてみると、足りない物に気づきます。**このロールプレイが細かくできるほど、忘れものや、ものを無くすことが減り、その結果、ものも不必要に増えなくなります。リストをつぶしていく管理ではなく、**未来を予測していく能力**を鍛えていけば、ため込みを防ぎつつ、ミスを防いだり体力をうまく配分することもできるようになり、大きな成長のチャンスになります。

●対策：ロールプレイングゲームのように必要な道具をそろえる

「持ちものに制限があり、あるイベントには、それに必要なものを持って行かなければならない」というロールプレイングゲームに置き換えてみると、楽しみながら確認できます。これは、準備するときだけでなく、過去に準備不足で問題が起こった場面を再現するうえでも活用できます。ぜひ、試してみましょう。

ビジュアル化して、必要な物を確認する

✖ リストを箇条書きする

〇 頭の中で「ロールプレイ」する

同時系がやりがちな、

①積み重ね
②置きっぱなし
③ため込み

一見、ウィークポイントと思われるようなこの三大要因も、その特性を理解してうまく生かせばストロングポイントに変えることができます。

ただ、そうは言っても社会人たるもの、やるべきことはきっちりやらなければなりません。
同時系が最低限、身に付けておくべき技術は、5章で詳しく見ていきましょう。

3章

片づけがグーンとはかどる〝秘密兵器〟

「9ブロックタスク」で、達成感を味わう！

1 罪悪感のサイクルを断ち切ろう！

この章では、片づけへの臨み方を変えてみましょう。

まず、一気に片づけてしまおうとするのはやめてみましょう。

「なぜ？　一気に片づいた方がスッキリするのに」と思われるかもしれませんが、ここでも脳の仕組みに合わせることが大切です。

一気に片づくことが理想だと思っていると、片づけられなかったときに罪悪感が生まれます。この罪悪感は、脳にとってやっかいな働きをします。

罪悪感を抱くと、脳の中で、前頭前野が働きます。前頭前野は、物事の価値づけをしている部位です。部屋を一気に片づけようと思っていたのに、スマホを見ていたらいつの間にか時間が経っていて片づけができなかった、とします。

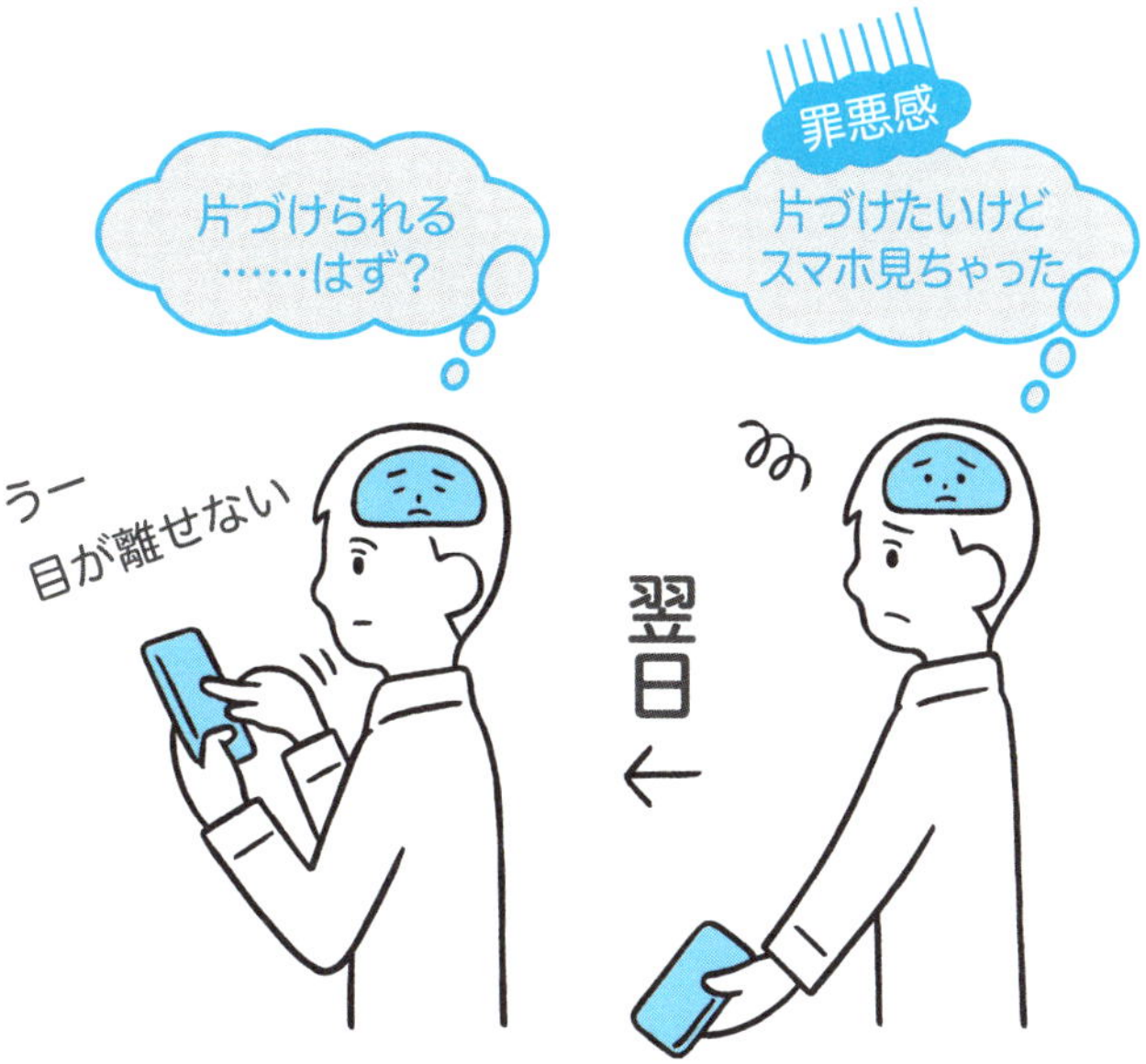

このとき脳では、一気に片づけをするというイメージができていません。イメージができない行動を言葉だけで設定すると、「それができたらどんなことが起こるのだろう？」という期待感が生まれます。**この期待感は、ドーパミンという神経伝達物質によってつくられる**のですが、期待感によって、「一気に片づける」という行動の価値が高まります。すると脳の中では、「『一気に片づける』ことさえできればすべてが変わる！」という感じで、非常に価値のある行動だと判断されます。

ところが、**ドーパミンは、分泌が増える前にとった行動を強化する仕組みをもっています。**その行動とは、スマホを見ていたこと。翌日以降に同じく片づけをしようという場面になると、ドーパミンによってスマホを見る行動が促されます。当然、また片づけができません。脳の中では、また同じ作用が生まれて「一気に片づける」ことの価値がグングン上がっていきます。

この話を聞いて、何か思い浮かびませんか?

これは、アルコールや買い物、インターネットやギャンブルなどの依存症の仕組みです。脳の仕組みである以上は、**この罪悪感のサイクルにはまってしまうと、気持ちだけで抜け出すことはできません。「脳の働き」を変えなければならないのです。**

それが理解できたら、この機会に罪悪感のサイクルからきっぱりと縁を切りましょう。これから、その方法をお話しします。

チェック

知らぬ間にハマっている罪悪感のサイクルから抜け出そう

2 脳はエラーレス・ラーニングで育てる

脳の働きを変えるには、脳に新しい神経のつながりをつくる必要があります。

「回線をつなぎ直す」と考えるとわかりやすいと思います。

その回線は、行動によってつくられます。脳の回線は、ある回線を使えば使うほど太くなり、太くなるほど選ばれやすい回線になります。

もしあなたが、「一気に片づけようとして何もできなかった」という行動をしたら、それは、「何も片づけない」という行動の回線を強化した、ということです。

ですから、別の回線をつないで、そちらをどんどん使っていけば、脳の働きは変わるのです。

ここからは、新たな回線をつくるために行動しましょう。そして、**その行動は、エラーレス（誤りなし）であることが大切です。**

実は損傷を負った脳を回復させるには、できない行動を練習するより、できて当たり前の行動を練習することが必須条件です。

脳血管の損傷で片方の手足が動かなくなった患者さんが歩く練習をするとき、支えをつけて歩く練習ではいつまでたっても歩けるようになりません。動かない方の足の裏の正しい位置に体重を乗せること。それができたら重心を前に移動すること。

このように、確実にできることを練習していけば、脳は新しい歩行の回線をつくることができるので歩けるようになるのです。これは、脳に失敗をつくらないエラーレス・ラーニングです。

片づけでも同じです。一気に片づけようとするのは、脳にとっては、歩けないのにいきなり歩く練習をするようなものです。**脳の働きに合わせて「片づいた」という事実を積み上げていけば、新しい回線をつくることができます。**

チェック

できることを確実にこなすと、脳に新しい回線ができる

3 スモールステップをつくる

脳に新しい回線を作るために、片づけという課題を「スモールステップ」にします。

例えば、デスクの上を片づけることがなかなかできない場合、この高すぎる目標を分解していきます。レシートを入力して捨てる、郵便物を開けて必要なものを返信する、会議資料をファイリングする、というように、片づける行動を小分けにしていきます。

レシートを入力して捨てるというステップも高すぎる場合は、さらに分解します。レシートを集める、日

作業を細かく分けよう

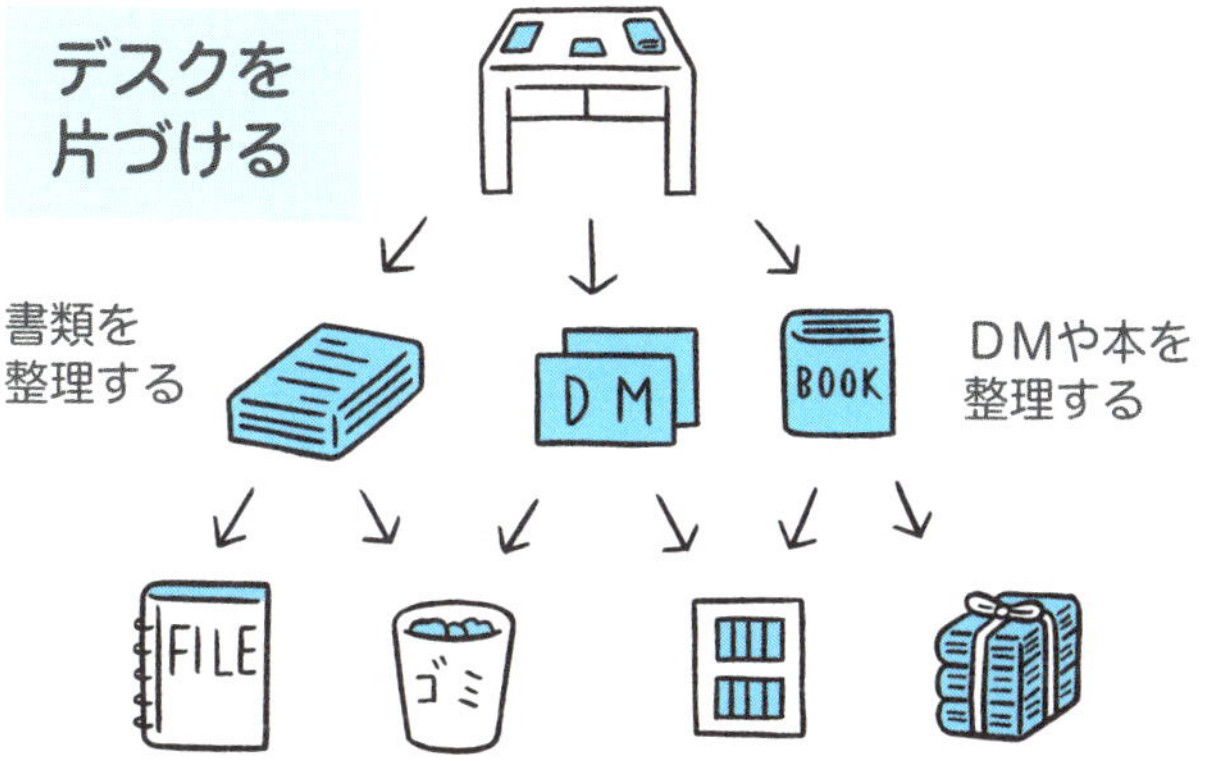

付ごとに並び変えるという感じで、**とにかく「確実にできる」ステップになるまで分解を続けます。**

この作業をうまく分解できるかどうかが、片づけ能力を左右します。

分解できていなければ、少しの空き時間があっても「今は全部片づけることができないからまた今度」と先に延ばしてしまったり、片づけようと思っても何から手をつければよいのかわからず、手にしたものを別の場所に置くだけになってしまいます。

スモールステップをつくれば、自然にエラーレス・ラーニングになり、実際に行動することで脳の片づけ回線がつくられていきます。

チェック

すぐできて、確実にこなせるサイズの行動に落とし込むのがポイント

4 コレで流れるように片づけられる！

スモールステップさえつくることができれば片づけられない問題は、ほぼ解決します。

でも、このスモールステップをつくるのがなかなか難しいです。

なぜなら、**同時系は関連付け脳であり、「ついでに済ますのが効率が良いことだ」と考えているため、行動を小分けにすることに大いに抵抗を感じるからです。**

そこで、同時系の「ビジュアル化」という特性を使った、スモールステップの設定方法を習得してみましょう。

やるべきことを整理するときに、箇条書きにしてザッと眺める人は多いでしょう。この箇条書きをちょっとだけ変えてみます。縦に箇条書きするのではなく、**「縦3つ×横3つ」の9つ**

のブロックに分けて書いてみましょう。

例えば、休日に暇ができました。やらなければならない家事を箇条書きにしたのに、なかなか手をつけられないとします。風呂洗い、台所掃除、換気扇掃除、下駄箱の掃除……。いざ時間ができても結局だらだら過ごしてしまい、1つもリストを消すことができないと、「あぁ私は片づけができない」と落ち込んでしまいます。

これでは、罪悪感のサイクルにはまってしまいます。そこで、「一気に片づけを済ます」のではなく、とにかくリストを1つでも消去することを目標にします。

「やることリスト」を9分割のマスに書き入れると、ビンゴゲームのシートのような状態になります。縦・横・斜めどれでもいいので3マスを消すことができれば、ビンゴ達成です。こう設定してみるだけで、縦書きリストに比べて片づけを済ませることができます。

その理由は、**同時系には達成したことが見た目でわかりやすいことが重要**だからです。ビンゴゲームにすると、あと2つ、あと1つでそろう、というように、どこまでやれば達成できるのかという予測が立ちやすくなります。

やることを決めるときは

✖ ひたすら書き出す

○「9つのブロックシート」に書き込む

脳にとって、予測できることとはビジュアル化できることです。脳の中で自分の行動がビジュアル化できれば、とるべき行動をすんなり命令することができます。

同時系の人が9ブロックタスクを見たとき、「真ん中のタスクをやってしまえば、縦・横・斜めの選択肢が増える、この後、このマスをつぶすのは大変だけど、このマスなら今すぐつぶせそう」などと戦略を立てます。**こうして戦略を立てているとき、頭の中では実際に自分が片づけているビジュアルが浮かんでいるはずです。**そして、あらかじめ予測した通りにタスクをこなすことができると、大きな達成感を得られます。

実際にこの9ブロックタスクをやってもらうと、こんな感想を言われることが多いです。

「1個消せるともうちょっとで一列そろう、みたいな感じがして思わず次のこともやってしまいました」

「気がついたらすごい時間が経っていて、1日よく片づけたなーと久しぶりに達成感を味わえました」

過去に没頭するように片づけができた経験がありますか？

気が散ることや無理にテンションを上げようとすることもなく、集中していて時間が経つのを忘れてしまう。**この状態は、心理学では「フロー状態」と呼ばれます。**アスリートが体験するゾーンも、このフロー状態の一種です。物事が流れるように進んでいき、自分はそれをはた目で観察しているような感覚になります。

このフロー状態は、自分の能力より4％だけ難しいことに挑戦をしたときに起こると言われています。先ほどの感想にあった「もうちょっとでできそう」という状況が、フロー状態を生み出すのに一役買っていると考えられます。

チェック

「もうちょっとでクリアできそう！」という快感が背中を押してくれる

5

ビンゴをそろえられないときは？

この9ブロックタスクは、家事でも仕事でも、どんなことでも応用できます。ぜひ、試してみてください。実際に試してみると、全然マスを消すことができずにビンゴがそろえられないことがあります。それは、**書き込んでいるタスクが、スモールステップになっていないということです。**

例えば家事を9ブロックに書き込んだのに、1つも終えられなかったとします。そんなときは、1つのマスに書かれたタスクをさらに9ブロックに分けてみましょう。風呂洗い、というタスクを消すことができなかったら、風呂洗いを9つのタスクに分解します。浴槽のフタを洗う、洗面器を洗う、カビ取り、窓の掃除、シャンプー台の掃除、浴槽の掃除といったように。

こんな感じで9ブロックをつくり、ビンゴをそろえます。

作業を細分化してみよう

作業がはかどらないときは……

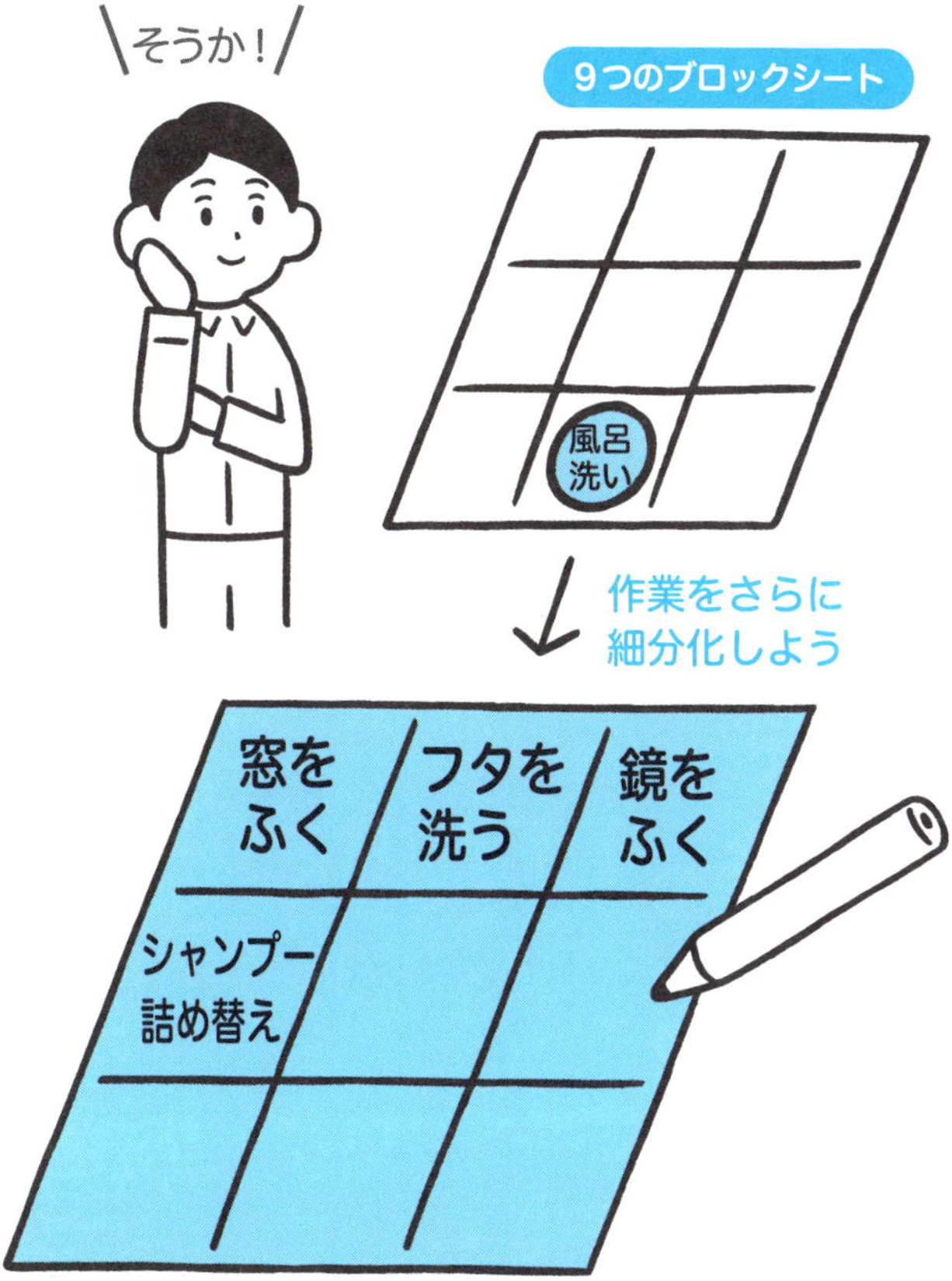

「片づけられない」と話す患者さんにこの話をすると、決まって同じ反応をされます。

「それじゃすぐ終わっちゃうじゃないですか。それで掃除したことになるんですか?」と。

このような考えがよぎるということは、「難しいことを達成しないと頑張ったことにならない」という考えが根底にあるはずです。これが、罪悪感のもとであり、片づけに取り掛かれない原因になるのです。

こうした概念を変えるには、**片づけの目的を「ビンゴをそろえる」という目的に一時的に差し替えて、「ビンゴがそろった」という既成事実を脳に記憶させることが役立ちます。**

私は患者さんに「次回来たときに、こんなタスクぜんぜんちょろかったです」とお話ししてください」とお伝えします。すると、次に来院したときに、「スモールステップという意味がわかりました」とお話しされます。スモールステップの設定能力は、頭で理解するだけではなく、実際に設定してクリアする行動の記憶をもとに習得されるのです。

チェック

「ビンゴがそろった」という既成事実を積んでいこう

6

「逆ビンゴ」で「やらないこと」を決める

ときには、9ブロックタスクでタスク分解をしてみても、なかなか片づけに取り組めないこともあります。そうすると罪悪感のサイクルにはまってしまいます。そこで、今度は罪悪感のサイクルから抜け出すために9ブロックタスクを利用します。

罪悪感のサイクルは、脳にとっては依存症と同じメカニズムだとお話ししました。アルコールをはじめとする依存症治療では、最初にやるべきことがあります。それは「アルコールはやめられないのだ」と自覚することです。「明日はやめられる」という事実の記憶にそぐわない考えが罪悪感を生み出します。

そこで、**事実に基づいて「やめられない」ということを最初に自覚できると、やめられないものとの付き合い方の学習を始めることができます。**

片づけも同様です。「明日は片づけられる」という過去の記憶にそぐわない考えがあるはずなので、それを取り除くのです。そこで、**9ブロックの「やらないことビンゴ」をつくってもらいます。**9つのタスクの中で「これはやらない」と1つずつ消していき、ビンゴができれば、残ったタスクをこなします。

なぜビンゴにするかというと、「やらないことを決める」のにすごく抵抗があるからです。**「ちょっとやる気になればできるんだけど」とリストから外すことに抵抗感があるので、「3つ消せたら達成」という目標に差し替えて3つ消してもらう。**すると残るは6つと、やるべきことはかなり限られるので、それさえやれば達成です。

やらないことを決めるのは、脳の選択肢を減らし、選択するときの葛藤に使われるエネルギー消費を避ける省エネ作戦です。脳は、選択肢を限定するほどエネルギーを温存できるので、その分、目の前のタスクにエネルギーを注ぐことができます。

チェック

「逆ビンゴ」で、やらないことを抵抗感なく決められる

やらないことを書き出す

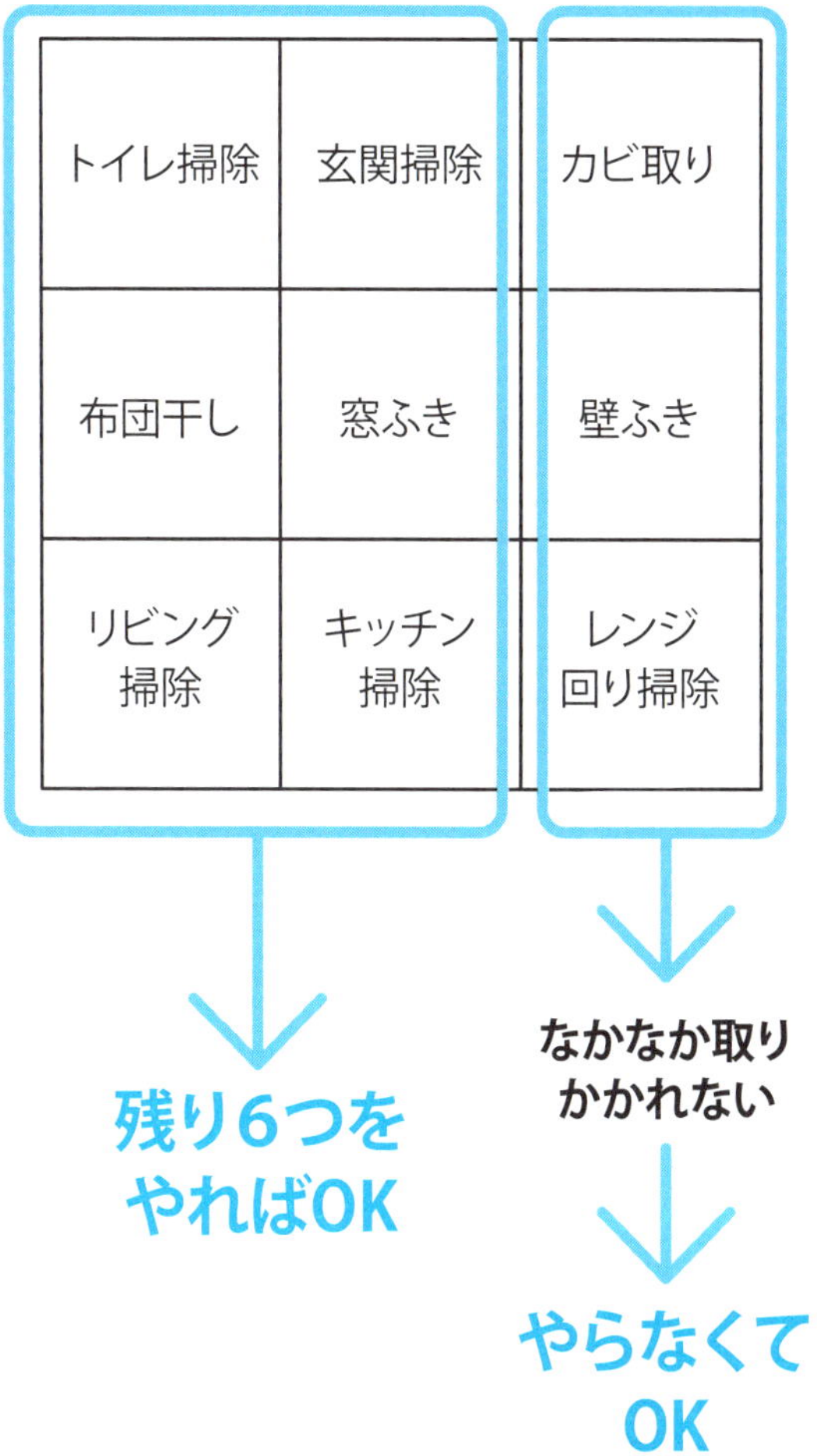

7 「片づけ行動」はコレで身につく！

1 まずはバッグの口を閉める

実際に片づけること以外に、普段の何気ない動作で片づけられる脳を作っていくこともできます。今、あなたの手元にあるバッグは、口が開いたままになっていませんか？ もし、開いたままになっていたら、その口を閉めてみましょう。**一連の動作を最後まで完結させること。これが、片づけられる脳をつくるのに役立ちます。**

脳には、動作の辞書のような機能があります。補足運動野や帯状回といった部位です。この部位では、一連の動作をそのままパターンとして保存し、次に同じような動作をするときに、そのパターンごと体に命令しています。

なぜ、そんなことをしているのか、というと、これもエネルギーの節約が目的です。動作を一から企画して命令するには、大量のエネルギーが必要です。**脳は、限られたエネルギーを効率よく使うために、過去の動作をパターン化します。**ただし、その動作が望ましいかどうかは判断してくれません。部屋を散らかしてしまうようなやめたい動作も、自動的にパターン化されてしまうのです。

次の、とある仕事の一場面を想像してみてください。

資料をつくる際に、頭の中にある考えをノートに書き出し、それを得意の図式にしてまとめていくうちに、いいアイデアが浮かんだとします。頭の中にあったぼんやりとしたイメージが、具体的になったとき「わかった！」という高揚感が沸き上がります。

この興奮を早く伝えたくて、描いた図をもって席を立ち、同じチームのメンバーに「この間の件、これで解決できそうだよ！」と声をかけて説明を始める。ひと通り議論ができて次の段階としてパソコンで資料をつくろうとデスクで作業を開始する。

こんな場面があると、仕事がダイナミックかつ流れるように進んでいく感じがします。この高揚感は仕事の醍醐味の一つと言えるでしょう。

ところでデスクに目を向けると、そこにはメモ帳やボールペン、付箋などが置きっぱなしになっています。これらが、のちに片づけなければならない物になります。

ふと気がつくと、さっきまで使っていたメモ帳がない、ボールペンがない、という感じで、作業が進行していくたびに、いろんな場所にいろんな物が置き去りになっていく。

こんなことがあると「最近、物忘れがひどくて」と、相談を受けることがありますが、これらの多くは、物忘れが原因なのではありません。ものをなくしたり、もののありかがわからなくなってしまうのは、**作業中に浮かんだアイデアで興奮して次の作業に移行した際に、ものが置かれたままになることが原因です。**

これを防ぐには、「落ち着いて行動しよう」という精神論ではなく、脳に新しい動作パターンを記憶させることが役立ちます。**作業の区切りを脳に学習させるのです。**先ほどの例では、「わかった！」とひらめいたところが作業の区切りになっています。これでは、物は置きっぱなしに。

片づけ行動を身につけるために

バッグの口を
閉める
脱いだ後は
靴をそろえる
リモコンを
元の位置に
戻す
食べたら
皿を洗って
ふく
スマホを
充電器に
戻す

Check
動作を完了するクセをつける

そこで、「わかった！」とひらめいたら、次にメンバーに見せに行く前に、使っていたものをもとの位置に戻してみましょう。

メモ帳やペンを使って考える作業は、メモ帳やペンをもとの位置に戻すまでが区切りです。

このように脳に学習させれば、次に同じ場面に遭遇したとき、あなたは自然に使っていたものをもとの位置に戻してから「わかったよ！」と人に見せに行くはずです。

はたから見れば、落ち着いて行動できたように見えますが、それは脳が使ったものをもとに戻すところまでが作業の区切りだと記憶した結果です。脳に新しいパターンを学習させていけば、「落ち着こう」と心がけるより、はるかに早く落ち着いた行動をとることができます。

脳に新しい動作パターンをつくるのは、仕事場面だけでなく、普段の何気ない動作でもできます。

同時系の人が片づけに悩むときは、次の動作をパターン化するのがおすすめです。

- **バッグからものを取り出したら、バッグの口を閉める**
- **玄関に上がったら靴を揃える**

・食事を終えたら皿を持って流しに行き、皿を洗ってふく
・テレビを見終わったら、リモコンをもとの位置に戻す
・スマホを使ったら充電器に戻す

これらを見ると、だらしない生活をやめてちゃんとしなければ、と思うかもしれませんが、生活を正してください、という話ではありません。

これらの動作は、性格とは関係なく、単純に過去の記憶が保存されてそれがパターンとして命令されているだけです。

ですから、あくまでも**「脳に新しいパターンを保存していくのだ」と考えて、機械的に淡々と作業をしてみてください。**そのぐらい冷めた姿勢で取り組むのが、一番うまくいきます。

チェック

「行動の区切り」を脳に学習させる

2 時間を見積もる

同時系の脳は、空間を把握することが得意ですが、それに引き換えて、苦手になっていることがあります。

とある実験で、空間把握能力が必要な「方向感覚」と、時間を正確に見積もる「時間感覚の能力」を比較しました。

不特定多数の集団に、方向感覚が要求される課題と時間感覚が要求される課題を行ってもらいました。時間感覚では、時計を見ずに１８０秒を数えて実際の時間との差がどのくらいあるか、という課題が行われました。１８０秒を短く認識する人は、時間感覚を失っているということですが、方向感覚に長けている人ほど、時間の感覚を失いやすい結果でした。

この結果から、脳の中では、空間把握と時間把握で、使える資源を取り合っているのではないか、と考えられています。つまり、空間把握が得意な人は時間感覚に疎く、時間感覚が得意な人は空間把握が苦手、ということです。

私たちの脳は、万能、ということがありません。脳の中に使える資源があり、課題に取り組むときにとった戦略がパターン化されていくことで、自分の脳が発揮できる能力に偏りがでてきます。

同時系の人は、空間把握が得意な分、時間感覚が苦手な傾向があります。

作業に没頭していつの間にかすごい時間が経っていたとか、時間がないのに目についた作業を始めてしまって遅れてしまった、という経験はありませんか?

これらは、結果的に仕事が溜まってしまったり、同時に複数のことをやらなければならなくなって物が置きっぱなしになり、散らかる要因となります。これを防ぐために、脳の中で両者がバランスよく使われるように、時間感覚を鍛えてみましょう。

普段の作業中に、その作業には何分くらいかかるかを見積もってみてください。

「この文章を書くには30分かかる」

「7分あればここまでできる」

このように、いちいち時間を見積もって作業をしてみると、気分に任せてスケジュールが乱れたり、作業途中で別の作業に移行してしまうことが少なくなります。

チェック

時間感覚に疎いので、作業時間を見積もるクセをつけよう

3 「アナログ時計」を思い浮かべて行動する

脳は空間と時間の能力を取り合っている、という話を聞いて、「でもあの人は何でもできる人だ」とか「私は遅刻もしないし道にも迷わないからどちらも得意だ」と思った人もいるかもしれません。

空間と時間のどちらの課題でも優れた結果が出せる人は、脳の中で、「代替手段」を用いています。空間を時間に置き換えたり、時間を空間に置き換えるのです。

例えば、歩いているときに「そろそろ目的地に到着するはずなんだけど」と考えることがあると思います。これは、距離という空間情報を何分ぐらい歩いたという時間情報に置き換えて理解しています。私たちは、その課題が苦手だからといってできないわけにはいかない、という場面に遭遇すると、脳が自然と、その課題を自分の得意な能力に置き換えて解決策を見出します。

同時系の人が時間の見積もりをすると、頭の中でアナログ時計の形をイメージしたり、プレゼンテーションのときなどは自分の動作や身振りをイメージしていたりします。脳の中で、時間を何かの形に置き換えているのです。

このように、たとえ苦手なことがあっても、脳は得意なことに置き換えて解決するのです。

時間を守ることやスケジュールを管理することが難しい人は、アナログ時計と自分の行動をセットでイメージしてみましょう。どんな動きをすると針はどんな形になるのか。これがイメージできれば、時間管理ができるようになってきます。

チェック

アナログ時計をイメージし、時間感覚を持ちながら行動してみよう

4章

片づけ行動がスッと身につく

この工夫で、知らぬ間にきれいになる！

1 片づける目的を持とう

片づけを始める前に、ぜひ、片づける目的を設定しましょう。片づけ自体を目的にするのではなく、何のために片づけるのかを考えるのです。このとき、他人の目を気にした目的を設定しないでください。脳にとって、他人が決めた目的で行動する場合と、自分が決めた目的で行動する場合とでは、まったく働き方が違うからです（134ページコラム参照）。

また、**自分へのご褒美のあげ方には注意点があります。**「自分で目的を持ち、それを達成した自分を褒める」というご褒美ならやる気は続きますが、ご褒美のあげ方を間違えると、片づけをパタッとやめてしまい、片づけができない自分から脱却することができません。

ここでは、やる気が継続するご褒美の設定の仕方を習得しておきましょう。

たとえば、「片づけたことを褒めてもらおう」と思ったら、この設定は避けましょう。

「罪悪感のサイクル」（102ページ参照）の話で、報酬をもとに行動するドーパミンという

目的の持ち方に注意する

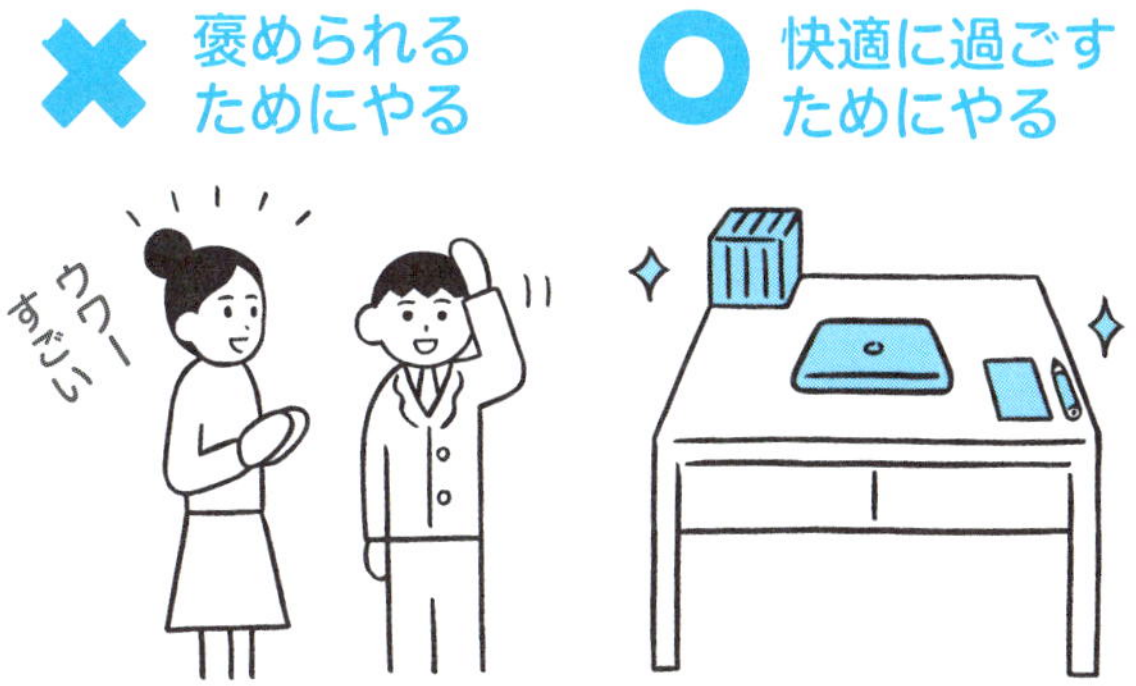
×褒められるためにやる
○快適に過ごすためにやる
ウワーすごい

物質が登場しました。ドーパミンが増えた行動が報酬になり、その行動が強化される。これが望ましく働けばやる気になり、まずく働くと依存的になる、とお話ししました。このドーパミンによる報酬系は、他人に行動の目的を設定された場合に働きます。褒められるとか、いいかっこうができる、自慢できるとか、そんな目的です。

このドーパミンの報酬系には、ある特徴があります。それは、失敗したときにパタッとやる気がなくなってしまうのです。雑誌の「片づけ特集」で、きれいに片づけているかっこいい人が紹介されていて、「こんな人になりたい！」と挑んでみたものの、片づけ始めたら思うようにいかず、突然シューッとやる気がしぼんでしまった。こんなことがありませんでしたか？
ドーパミンの報酬系は、やる気になっているときはテンションが高いですが、失敗したときの失望も大きいです。こんな気分の上げ下げで消耗するのは、そろそろ終わりにしてみましょう。
ではどうすればいいのか？　答えは簡単です。**片づけの目的は自分で設定すること。**そうすれば、ドーパミンに振り回されずにすみます。

チェック

「褒めてもらうこと」を目的にしない

さらに深める！

脳には「2つの報酬系」がある

ドーパミンによる報酬系の他に、脳にはもう1つ報酬系があります。それは、「内側前頭前野」によってつくられる**「内発的動機付け」**です。**他人に行動目的を決められるのではなく、自分自身で行動目的を決めるということです。**

そもそも何で自分は片づけたいと思っているのか。それを設定します。**この「内側前頭前野」でつくられる報酬系は、失敗してもその活動が低下しません。自分に失望するどころか、失敗から学んで、次はやり方を変えるようになるのです。**

例えば、あなたが登山に挑戦したとします。必要な荷物をバッグの中に収めて、必要なときに取り出せる。これができないと、自分の足に無駄に負担がかかったり、トラブルに速やかに対処することができずに目的を達成することができません。

登るための1つの技術として、必要なものをバッグに機能的に収納し、出したものはまた取り出せるように片づけることが欠かせません。この場合は、自分のために片づけているので、うまくできれば「内側前頭前野」が働いて**「もっとうまくなりたい」**と感じますし、うまくできなかった場合でも**「今度はこうしてみよう」**というように前向きに捉えます。片づける目的は、自分が決めて、自分のために片づける設定さえできれば、もう失敗もやる気を失うこともありません。

2

言ったもの勝ち！「片づける目的」の決め方

片づける目的を自分で決める。これは、常に「ある目的」のために行動する同時系のあなたならば得意なはずです。

「地球環境のために」
「無駄に動いて疲れないために」
「今の家に飽きたら、いつでも引っ越しできるように」
「変幻自在の自分になるために」
「縛られない生き方をするために」

こんな感じで、目先の目的ではなく、自分の生き方やライフワークにからんだ目的を設定してみましょう。この設定に根拠は不要です。言ったもの勝ちです。

例えば「地球環境のために」という設定をしたとします。

いつものように行動していたら、出先で急に雨が降ってきてコンビニで傘を買うことに。家には何本も折り畳み傘があるのにまた増えてしまう。これでは、不要なものが貯め込まれていずれ捨てることになる。自分が定位置に傘を片づけておかなかったことでごみを増やしてしまった。環境のためには、物を最後まで使い切って無駄なごみを減らさなければ。今度から帰宅したら傘は定位置において、出かけるときに忘れないようにしよう。

このように、**自分の目的が設定されていると、失敗したときに、目的を果たすにはどうすればよいかを工夫するようになります。**これが、「内側前頭前野」の報酬系（134ページ参照）です。この工夫をすればするほど、普段の片づけ行動が本来の目的に近づくので、「もっと良くするには」というアイデアがどんどん浮かび、片づけることにはまっていきます。

チェック

片づける目的を生き方やライフワークにからめると、全ての行動を「片づける力」に変えられる

3

自分の行動に付加価値をつける

物事をいっぺんに終わらせることが効率的でよいことだ、と思っている同時系は、**自分の行為に何かほかの付加価値が加わることで、やる気になります。**

無駄なものを捨てる、という行為は、それ自体で完結しています。これだけだと、次につながらないので、いまいちやる気が起こりません。それが不要なものを売る、となるとどうでしょう。「捨てる」という行為に、「お金を稼ぐ」という付加価値が加わりました。このように、一度に2つ以上のことが達成できるように設定してみましょう。

ドネーション（寄贈する）、リユース（再利用する）、リデュース（ごみを減らす）、リサイクル（不用品を再生して利用する）という感じで、**自分の行為が何かの活動の一環のように位置付けら**

付加価値をつける

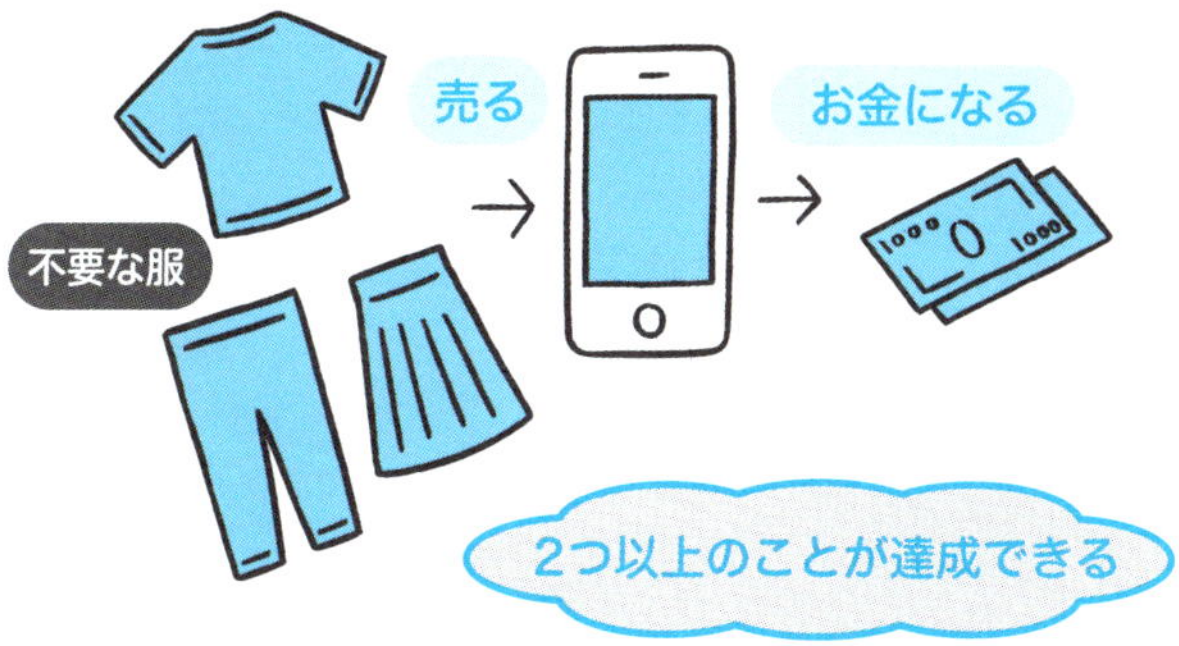

れると、行為が次につながります。このつながりを図式化したり、どのようにつながっていくかを脳内でビジュアル化してみましょう。それが描けたら、片づけることが面白くなり、「ほかに片づけられるものはないかな」と探すようになります。さらに、**心理学の実験では、良いことがあった後は、人助けをする確率が上がることが知られています。**片づいて気分がスッキリし、さらにそれが、社会的に意味のあることをした、と位置付けられれば、もっと社会に貢献できる行動をとりたくなり、どんどん片づけが進む波をつくることができます。

これまで片づけは、「義務」や「規範」といった息苦しいものの位置づけだったかもしれません。それは本来、誰が決めたわけでもありません。学生時代の教育や周りの人から言われたこと、ネットや雑誌など目にした情報をもとに、少しずつ、しかも無意識にあなたの脳で作られてきました。

私たちの脳は、ある出来事や行為に必ず意味をつけようとします。無意味な情報の集まりでは、個々に容量を必要とするため、すぐに容量オーバーになってしまいます。これを防ぐために、何らかの意味をつけて、それをジャンル別にまとめることで情報を結び付けて圧縮しているのです。

この意味づけ作業は、常に無意識に行われます。

あなたも、どう理解していいのかわからない未体験な出来事があると、頭の処理が追い付かずとても気持ち悪い思いをしたことがあると思います。そんなときは、他のことが手につかなくなったり、考えを切り替えることができなくなったでしょう。脳は何とかしてこのような状況を避けようと、無理やりにでも意味づけをして、空き容量を確保しているのです。

これは、脳の戦略ですが、これによって、自分の意志とは無関係に勝手につくられていくのが先入観です。**片づけは誰もができて当たり前、できなければだらしがない人だ、などという息苦しい先入観が知らないうちにつくられていたならば、これを設定し直しましょう。**

片づけは未来につながること。
それをイメージするとワクワクすること。
毎日が、さらに快適になること。

このように設定し直せば、あなたの頭の根っこにある「片づけられない」という信念とは、おさらばできます。

チェック

古い先入観をリセットし、新たな視点で捉えよう

4

片づけの動線図をつくる

さて、実際に片づけを始めてみると、片づけるものを手に持ったまま別の場所に行き、それを置いて、また別のものを持つ、ということはありませんでしたか？　ただものの置き場所が変わるだけ。これでは片づけるどころか、余計に散らかってしまいます。

なぜ、このようなことが起こるのか、というと、片づけをするときのあなたの動きである動線がつくられていないからです。**どんな作業にも、その効率を最大化する作業動線があります。片づけも、1つの作業と位置付けて、ある作業の流れの中でひとりでに片づいてしまう動線をつくりましょう。**

同時系は、とにかく空間把握と図式化が得意です。**そこでまず、自宅の間取り図を描いてみましょう。**間取り図が描けたら、あなたが帰宅してから夜に眠るまでの動線を引いてみてくだ

片づけの動線図を描く

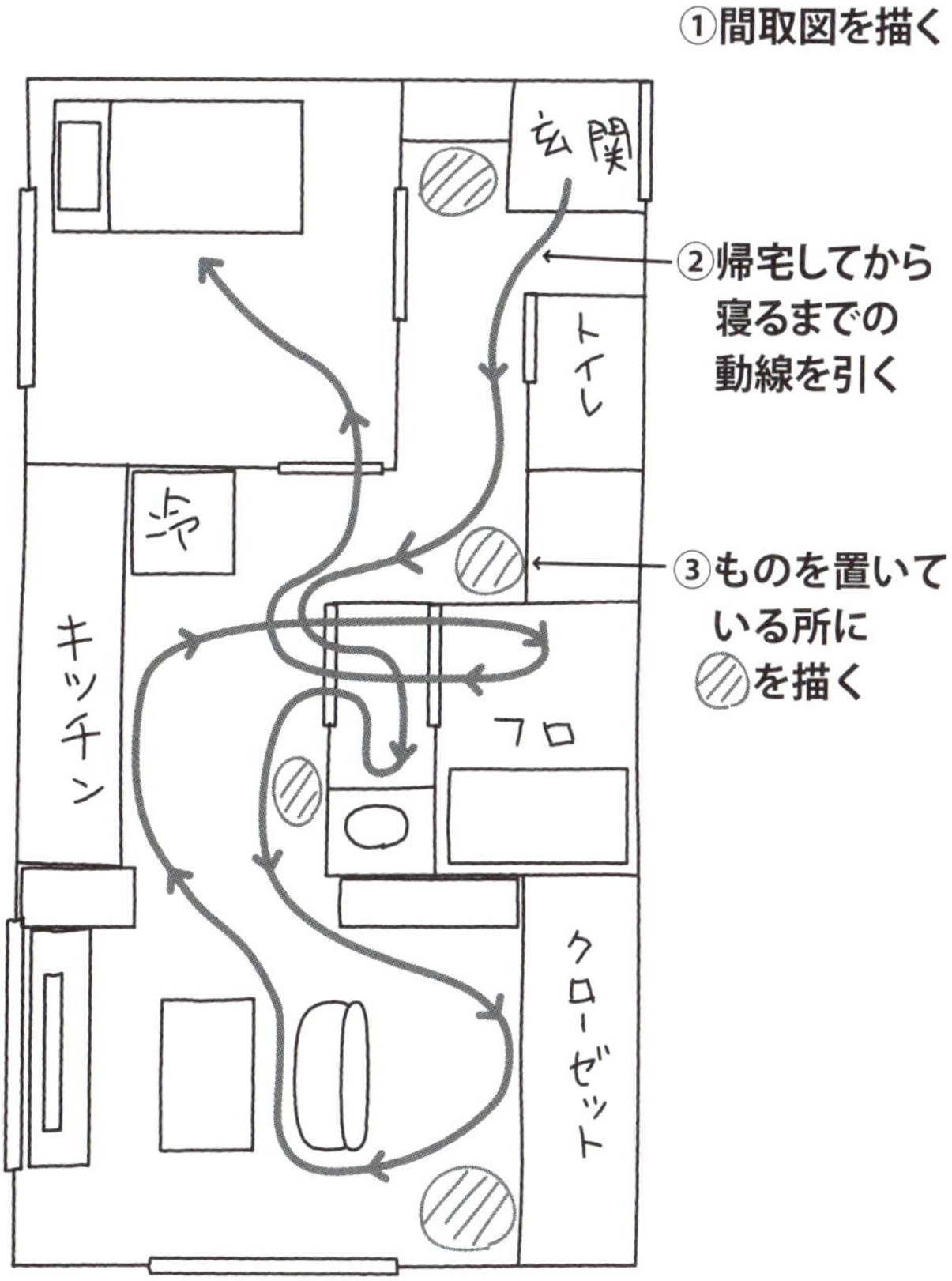
①間取図を描く
②帰宅してから寝るまでの動線を引く
③ものを置いている所に を描く
玄関
トイレ
冷
キッチン
フロ
クローゼット

さい。動線を引きながら、あなたがものを置いたところに○をつけていきましょう。すると、刑事ドラマの捜査会議で使われるような図が出来上がります。これで、あなたがどうやって部屋を散らかしているのかが可視化できます。

なぜ、帰宅してからの動線を描くのか、というと、帰宅後が一番ものを置きっぱなしにするからです。動線を描いてみると、まず、あなたは部屋全体を移動しているわけではなく、移動する場所は一部に限られていることが分かります。そして、ものを置く場所も限られているはずです。**本来、ものを置くために用意してある場所があったら、帰宅後にそこに直行する動線を赤線で描き入れてみましょう。**

その赤線で移動することがイメージできるならば、今晩帰宅したときに、**赤線の通りに移動してみましょう。**そうすれば、ものは散らかることがありません。もし、赤線で移動する状態をイメージできないならば、つまりそこにものを置くことにしたけど、現実的には無理があるならば、最初に描いた動線上に置き場所を移してみましょう。もともと、ものを置いている場所なので、その場所に置くことを決めてしまえば、これも散らかることがなくなります。

理想的な『物を置くための場所』を描く

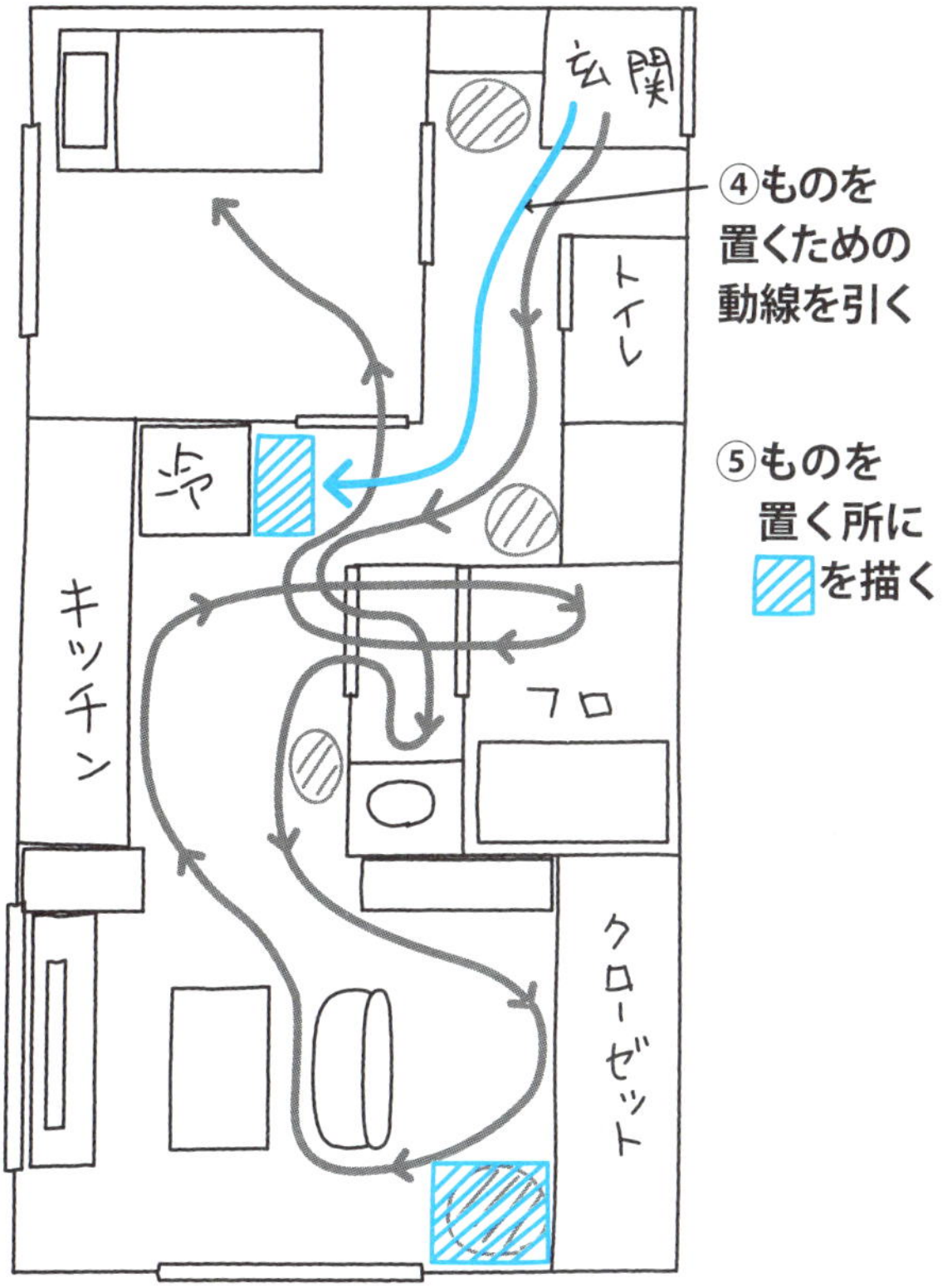

歩くだけで片づく動線がつくられたら、その動線に名前をつけましょう。間取り図から見てT字に見えたら「T字片づけ」。コの字に見えたら「コの字片づけ」。8の字ならば「8の字片づけ」という感じで命名すると、実際に帰宅後に動いているときでも、家の上から俯瞰してみることができ、片づけながら移動する様子がより多角的にビジュアル化されます。ビジュアル化が詳細になるほど、あなたの脳は、その行動を再現しやすくなります。

同じように、職場の間取り図を描いて、動線を描き入れてみましょう。職場では自分のデスク以外に移動しない、という場合は、デスクを上から見るように、大きな四角を描いてみましょう。

そして、会議が終わった後デスクの前に座って作業をするとしたら、何をどこに置くのかを動線で描いてみましょう。資料はどこに置かれるのか、作業を再開したら、何を取り出し、どこに置いているのか。これを可視化してみましょう。

デスクが片づいている人の作業動線は、8の字になることが多いです。デスクの左から必要な書類をとり、右の引き出しから道具を出して真ん中で作業し、終了した書類を右側に置く。

そしてまた左から書類を取る。このように、自分が作業をしているときに、どんな動きをしているのかを可視化してみましょう。
可視化してみると、途中の書類と終了した書類が同じ場所に置かれていたり、取り出す道具が様々な場所に置かれていることがあります。それがわかったら、**作業の流れでものを置く場所を決めて、やはり先ほどのように、その動線に名前をつけてみましょう。**「名づけてT字片づけ」なんて言いながら、デスクの上から俯瞰して作業をすると、自分の行動を客観的に把握し、うまくコントロールすることができます。

チェック

動線に名前をつけて、行動をビジュアル化してみよう

5 普段の行動を工夫する

ここからは、普段の仕事や生活の中で、ちょっと工夫するだけでわざわざ片づけをする必要がなくなる「5つの行動」を紹介していきます。思いつきによる行動や長続きしにくい行動をうまく利用して、同時系の良さを活かす方法です。普段の行動を大きく変えることなく、すぐに取り入れられることなので、ぜひ、試してみてください。

1 7割で相手に預ける

資料や企画を作るとき、最後まで作りこもうとせず、7割程度できた時点で相手に送ってみ

ましょう。すると、相手から何らかの反応があります。相手からの感想や指摘は、自分の作業を俯瞰して見たうえで焦点化されたものです。

本来は、一旦資料を俯瞰してみて、何を主題にするか、何に焦点を定めるか、という作業を自分でするのですが、この作業は得意な人に任せるとあっという間に終わります。あとは、その感想や指摘を資料に反映させれば出来上がりです。「やらなきゃ資料」がデスクに置かれることはありません。

もしあなたが、容量オーバーで何から手をつけていいのかわからない、と感じることがあったら、**自分一人の脳で仕事をしようとせず、周りの人の脳も接続して仕事をしてみましょう。たくさんの人の脳を接続して仕事を回す。**このようなイメージで、仕事に臨んでいきましょう。

2 日々の作業をイベント化する

こんな経験はありませんか？　テーマパークなどで、何かのアトラクションを体験するときに、必要な道具を借りて、作業をし、それが終わったら借りた道具を返して「面白かったねー」と会場を出る。この場面では、使った道具を片づけていますが、それに対して「面倒くさい」とは感じなかったはずです。

非日常の特別なことならば、片づけまでが一連の体験イベントになるので、あっさり片づけられます。この非日常のイベント「みたいな」という設定を、日常の作業に当てはめてみましょう。

同時系が「わかった！」となるには、「○○みたいな」という「置き換え」が使われる、とお話ししました。**それになりきって、そのつもりで行動する、というように、脳内でビジュアル化された行動ならば、あっさりと体は動くのです。**

普段の料理を料理番組みたいに、洗濯物をたたむのをショップの店員みたいに、道具を使った作業をマジシャンみたいに。という感じで、自分の中で「こんなふうにやったら楽しそう」というイメージをつくって自由に設定してみてください。

どんなつもりでやっているのか、なんて、他人にはわかりませんので、自分が面白いと思える設定を自由にしてみましょう。いつの間にか、面倒だなどとは考えなくなっているはずです。

3 「最初にやること」を1つだけ決めて、それは守る

朝、家を出る前や通勤中に、今日の予定を頭の中でロールプレイしていたのに、会社に着いた途端、デスクの上にある目についたものから読み始めてしまい、今朝のロールプレイとは全く違う作業をしてしまう。こんな経験はありませんか?

新たな関連付けが生み出される瞬間は、気分が高揚して、それ一点に考えが集中します。こうしたひらめく瞬間はとても心地よいものですが、それによって、1日の仕事の段取りが乱れてしまうと、やることが後手になって散らかっていきます。

行動の自由を奪わず、なおかつ、仕事の段取りをなおざりにしないためには、**「朝、ロールプレイした行動の最初の1つだけは守る」というルールを設けてみましょう。**

デスクに座ったら、自分が決めた最初の1つだけはすぐに取り掛かります。周りから面白そうな話が聞こえてきても、これだけは守る。ただ、後は自由です。1日の行動予定表など作らなくても大丈夫です。

このようにルールを設けてみると、1つ作業を終えた時点で、脳の中で次々に作業が関連付

いて、流れるように仕事が進みます。**最初の1つさえ実際に行動すれば、その行動から得られた情報が次の行動に関連付くのです。**

最低限のルールを設けて自由にやらせるのが、同時系の自分をうまく使いこなすコツです。

4 2つの作業場所をつくる

同時系の児童が、授業に飽きたり、途中でひらめいたことをすぐやろうして、学校の授業中におとなしく席に座っていられない、ということがあります。そんな児童に対し、ある対応をして功を奏したという事例があります。

その対応とは、もう1つその児童の席をつくったのです。頭の中で起こった新しい情報のつながりに高揚して席を立った児童は、もう1つ用意された自分の席に移動します。またしばらくして行動が落ち着かなくなると、元の席に移動します。このようにして、結果的に授業中、席に座っていることができた、という事例です。

この話を聞いて、普段の自分の行動を振り返ってみましょう。デスクでの仕事に行き詰まり、カフェに移動して続きの仕事をして、また行き詰まってきたらデスクに戻る。こんな行動とそっくりだと思いませんか？

同じ作業の繰り返しに飽きるか、または新しいことをひらめいたとき、その場にとどまっていることに耐えられずに、席を立ちたくなることがあると思います。そんなとき、もう1つ自分がいられる席があれば、そこに移動して仕事をすることができます。すでにあなたは、無意識に、このもう1つの席を自分なりに決めて使っているかもしれません。

席を2つ用意することが、同時系の移り変わる行動をうまく継続させる対策になるのですが、これが散らかる要因にもなり得ます。移動したらデスクに置いてあったものが必要だった、と取りに帰ったり、持って出たものを置いてきてしまう、ということが起こるのです。

そこで、**席を移るときに持って行くものをあらかじめセットしておきましょう。じっと座っていることを前提とせず、2つの席を移動しながら目的を達成する。**そして、その移動のせいで散らからないように、移動グッズをセットして持ち歩く——。このように、場所を変えることを戦略的に活用してみましょう。

5 持ち物を減らす

そもそも、自分の持ち物を減らしてしまえば、散らからずにすみます。持ち物を減らすとき、「不要なものを捨てる」という行為が目的になると、なかなか捨てられなくなってしまいます。捨てることはあくまでも手段である、と位置付けられることが大切です。捨てることの上にある目的を設定してみましょう。

これには、**同時系の「なりきり」能力が役立ちます**。**例えば、バックパッカーになったつもりで、情報の世界を旅しながら自在に自分を変化させていく、というイメージをつくります。**当然、荷物は最小限です。いつでもどんな自分にでも変わることができるように、自分の個性を決めるようなものは持ちません。いかようにも使える最小限のものだけを持つ。

こんな感じで、自分がなりきりたいものを決めてみましょう。実際にやってみると、必要なものがどんどん絞られていきます。最終的に、自分はこれさえあれば大丈夫、というところまで行きついたら、もう散らかるもの自体ありません。

ものを減らすには、「何にも縛られない人」になったつもりで臨んでみましょう。

5章

頭が冴えて、結果がバンバン出る！
仕事における「5S攻略法」

1 安定して能力を発揮するために

会社で仕事をすることの意義の１つに、継続性を身につけられることが挙げられます。

どれだけ素晴らしい成果を上げられたとしても、それを再現したり継続することができなければ、会社で評価されませんし、会社の経営者であれば事業が成り立ちません。

同時系の人にとって課題となるのが、継続性や安定感です。

面白いと思えることや、興味を持てることには集中して取り組みますが、そうでないことには関心を持てず、生産性が下がってしまうことがあります。

自分の個性を発揮しつつも、自己満足で終わらず、社会に貢献できるために、継続性や安定感を技術として習得しておきましょう。そのうえで役立つのが「５Ｓ」を習慣化することです。

ただし、一般的な「５Ｓ」ではなく、同時系にとっての「５Ｓ」です。

2 脳にとって「5S」の意味は？

仕事における片づけの代表的な例として、「5S」があります。

あなたもこれまで、社会人の基本的な振る舞いとして教育されたり、標語を掲げて注意を促されたことがあるかもしれません。

同時系にとって重要なのは、そのルールが意味することです。常に目的に対して行動するので、何の意味があるのかわからないことには、行動したいと思えません。

5Sを徹底するには、「私は○○を果たすために5Sを実行する」と設定される必要があるのです。4章でお話ししたように、他人に目的を決められるのではなく、自分で決めるのです。

そのための材料として、まず5Sが、自分の脳にとってどんな意味があるのかを考えてみたいと思います。ここからのお話をヒントにして、自分にとっての5Sを再定義してみましょう。

1 整理（Seiri）
選択エネルギーを節約する

「整理」の一般的な意味は、**「必要なものとそうでないものを分けて、必要なものだけ残してあとのものは捨てる」**ということです。

必要なものだけが残ると、手に取るものの選択肢が減ります。**この「選択肢が減ること」が、脳にとっては大きな意味を持っています。**

あなたには、**選択肢が多いことは豊かな証拠だ、という考えがありますか？**

例えば、働き口を探すときに、選ぶ余地がないよりは、自分の条件を満たす企業が複数あればそれだけ気持ちもラクになりますし、先行きに希望が持てます。このような経験を通して、無意識のうちに、選択肢が多いのはよいことで、自分の行動が制限されることは不自由でつまらなく、得られるものが少ない、という考えを持つようになることがあります。

整理するメリットは？

✖ ものが散乱している
→「必要かどうか、手に取ってみる」
という判断は脳の疲労を招く

○ 不要なものは置かない
→脳の選択エネルギーを節約できる

Check デスクを整理することで
脳の消耗を防げる

ところが、ときに多すぎる選択肢はあなたを疲弊させてしまい、目的を果たす障壁となります。これには、**脳のエネルギー戦略**（161ページ参照）が関係します。

「選択肢を増やす」ということは、「これまでとは違う神経の回路を使う」ということです。新しい回路を開拓するときは、普段は〝省エネ〟のためにスタンバイしている神経を通って、休眠状態の神経を発火させなければなりません。

こうした脳の活動は、人生の進路を考えるといった大きな選択をするときのみならず、日常生活の中でちょっとした選択をするときも起こります。例えば、デスクにチラシが置かれているのを見て、チラシを手に取って見る、といった些細な行動もその1つです。

仕事中、何度もチラシや雑誌を手に取って見ていると、その行動を命令するのが神経の主要回路となって、**仕事に集中する回路の方が休眠状態になり、今度は仕事モードの回線を発火させるのにたくさんのエネルギーが必要になってしまうのです。**

「不必要なものを置かない」「必要かどうか迷うものは捨てる」というのは、**自分の脳が無駄にエネルギーを消費して疲れてしまうのを防ぐ、有効な方法なのです。**

「脳のエネルギー戦略」について知っておく

脳が行動を企画して命令するとき、神経細胞が神経線維を通じて次の神経細胞に情報を伝達します。どの神経細胞に情報を伝達するかは、**過去に伝達したことがある神経細胞が優先して選ばれます。**

神経細胞が情報を伝達すると、神経細胞と神経線維に電気活動が残ります。これは「スタンバイ状態」になっているということで、次に電気活動が起こるとすぐに発火します。これによって、使われる回路が決まっていきます。

この仕組みによって、私たちには好みや行動の癖や習慣がつくられていくのですが、脳にとってこれは、「休眠状態」の神経細胞を発火させるほどのエネルギーを使わずに済む**「省エネ戦略」**なのです。

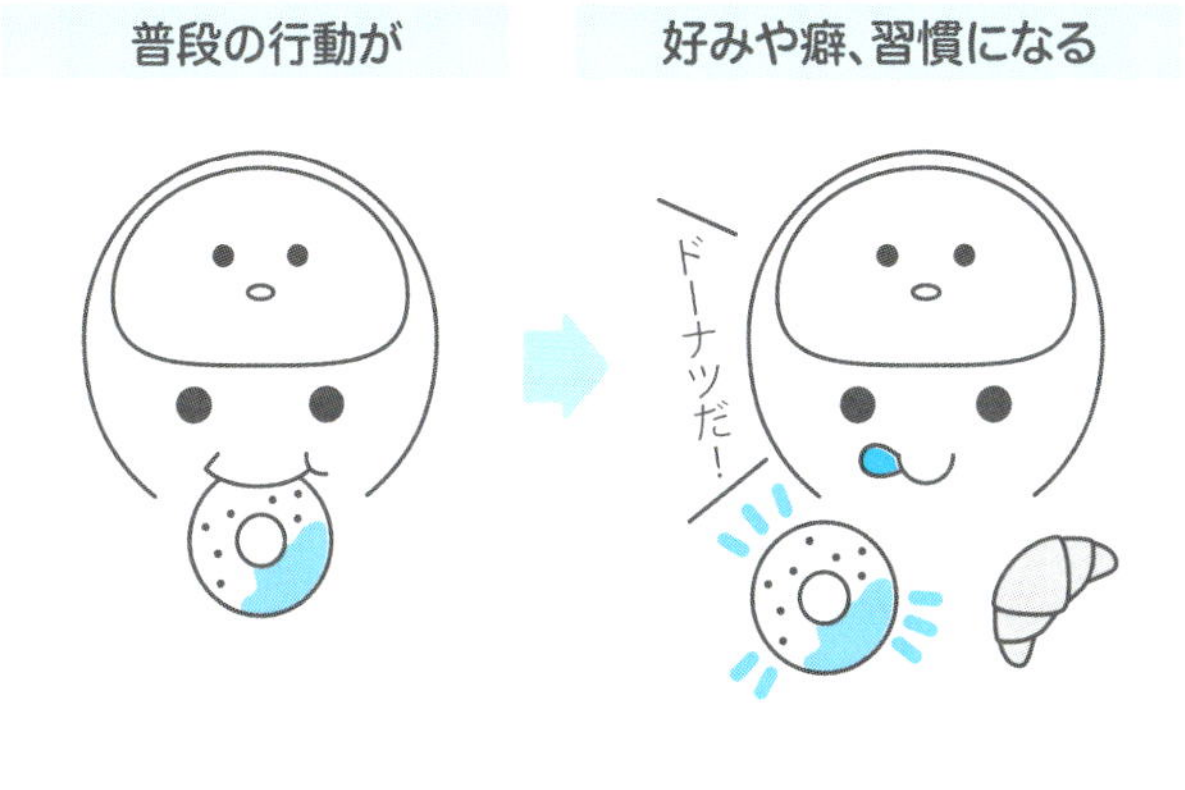
普段の行動が
好みや癖、習慣になる
ドーナツだ！

脳のエネルギーを上手に使うコツ

とはいえ、選択肢が少なすぎて、いつも同じ神経回路ばかり通っているのがよいわけではありません。需要と供給の関係で、使われるエネルギーが少なくなれば、つくり出されるエネルギーもまた少なくなります。**休眠状態の神経細胞が適度に開拓されることにより、つくられるエネルギーを増やさないと、やる気が出なくなってしまいます。**

脳にとっては、50％の新しい回路の開拓が、最適なエネルギー効率だと考えられています。

脳のリハビリテーションでは新しい回路開拓を50％にとどめる、ということが非常に重要です。

例えば脳梗塞などで、動かなくなった手を再び動かそうとすると、通常では手を動かすこととは無関係の脳の部位まで活発になる様子が観察されます。これは明らかに脳への負担が大きく、患者さんも疲弊してしまいます。

そこで、あまりにも多くの部位が活発にならないように、課題の難易度を確実に達成できる範囲に設定します。すると、無駄にエネルギーを消費することが減り、動かない手を動かす新しいルートが決まっていきます。このことから、**私たちが何かに取り組むときには、新しいチャ**

レンジを50%にとどめることが重要だと考えられます。

具体的には、仕事上、何らかのチャレンジをしているときには、日常の無駄な選択肢をできるだけ減らすために、不必要なものは置かないようにする。一方、仕事がルーチン化してきたら、刺激になるものを置いてみる。こんな感じで、目的に合わせて片づけ方を変えてみるのが、同時系らしい整理といえるかもしれません。

フリーアドレスの活用法

フリーアドレスは、創造性の活性化が狙いです。普段は話さない人とのコミュニケーションが生まれたり、普段は目にしない物を見ることでアイデアが生まれる、と社員の方々は説明を受けて導入されるのですが、1カ月後を見てみると、大抵の人が同じ席に座るようになっていることがあります。そんなときは、得てして管理職の周りが空席になりがちで、管理職が孤立感を抱いたり、「オレって嫌われているのかな」と無駄に不安になる、などということもよくあります。

フリーアドレスの効果を最大化するために、**「脳のエネルギー効率」**からその意味を捉え直してみましょう。社員の方々が、なんとなく同じ席に座ろうとするのは、新しいプロジェクトが始まったり、繁忙期に差し掛かっていたり、家庭内で大きな変化があったときが多いです。つまり、予測がつかないことが50％以上を占めるようになると、脳はさらなる変化を回避しようとできるだけ予測とのギャップが少なくなる行動を選びます。いつも通りの行動をとるようになっていくのです。

これではフリーアドレスにしたことによって、各個人の脳に余分な負担がかかり、社員はそれを回避しようと行動しているので、会社の取り組みと社員の行動が対抗する構造になっています。

このような状況を防ぐために、提案させていただいているのが、**フリーアドレスの期間を限定すること**です。

個人レベルでプロジェクトを動かしている場合は難しいですが、チームや部門など、ある単位で新規課題や繁忙期が決められるならば、この方法が役立つことがあります。

新規プロジェクトがスタートしているときには、フリーアドレスは一旦解除します。脳がもともと予測できないことにチャレンジしているので、働く環境は予測可能な要素を増やしておきます。一方、プロジェクトが軌道に乗ったり、閑散期に差し掛かったときは、フリーアドレスを発動しましょう。脳は予測できない事態に対応する余力が十分なので、決まりきった仕事に退屈することなく、新たな作業環境から得られる情報を有益に活用することができます。

同時系は新しい環境で仕事をすると、盛り上がって無駄に思いつきが増えるので、そもそも注力すべき仕事に戻れなくなり、忙しさだけが増していって成果物を作れなくなっていきます。

個人レベルでフリーアドレスを活用するときは、「新しいことに取り組んでいるときほど同じ席に座る必要がある」と考え、自分をうまく乗りこなしましょう。

整理のまとめ

- **新しいことに取り組むとき　↓机に不要なものを置かない**
- **ルーチン化してきたら　↓新しいものを置くなどして、脳に刺激を与える**
- **無駄に思いつきが増えてきたら　↓席を固定し、集中力を取り戻す**

2 整頓（Seiton）
脳に余計なものを見せない

「整頓」の意味は、「必要なものを必要なときに誰でも取り出せるように、分類してわかりやすく配置する」ということです。分類方法に「独自の基準」をもっていて（80ページ参照）、ものの置き場所が自分にしかわからなくなりがちな同時系にとっては、「誰でも」「分類してわかりやすく」というところに抵抗を感じるかもしれません。

そこで、こう考えてみましょう。**最低限、他人と共有する可能性があるものは、「誰でも」わかるように分類してみませんか。**あえて他人の基準、いわばステレオタイプな分類法を取り入れることで、普段はバラバラになりがちなものを1つにまとめることができます。

これによって、脳に余計なものを見せずにすみ、同時系の広がる思考に歯止めをかけることができるようになります。

✔共有するものは、誰もがわかるようにしておく

例えば、**上司のチェックが必要な書類や企画書をとりまとめる場所や、ホチキスやはさみのように、ある作業に必ず使う道具などは、誰でも位置がわかるように配置します。**このように、ルーチンの仕事で使うものの位置を決めておけば、あれこれ思いつきで行動し、どこかに置き忘れがちな同時系にとっても便利なやり方といえるでしょう。

同時系の人がやる整頓はここまで、あとは自由です。自分なりの工夫で使うものは「分類」したものを侵さないように自由に配置しましょう。それらに意味を見出して活用しているのは自分だけですから、他の人は不利益を被りません。安心して自分ワールドを構築してください。

整頓のまとめ

- **共有しそうなものは、他人の基準で分類する**
  （例）ペン立て、書類など↓バラバラにせず、まとめて定位置へ
- **自分が使うものは自由に分類する**

3

清掃（Seisou）小さな変化をキャッチする

病院や製造業にとって、「清掃」とは単なる掃除ではない意味をもっています。それは、**「掃除をしながら周囲に目を配り、環境の細部を観察し、変化がないかを点検すること」**です。

積み上がった書類の下から、返信しなければならなかった郵便物が出てきて青ざめた、という経験はありますか？　**清掃の重要性は、このような見落としや不注意、うっかり忘れといったミスを防ぐことにあります。**

私たちの視覚は、変化を検出することを基本として機能しています。前に見た画像と違う点を検出すると、無意識にそれに注意を向けます。それと同時に、ノルアドレナリンという神経伝達物質が放出されて、脳が覚醒します。

このノルアドレナリンは、不安や焦りを生み出し、危機状態を知らせることで脳を覚醒させています。家に帰って玄関の扉を開けようとしたときに、いつもは置いていない物が置かれていたりすると、ガッと一瞬、脳が覚醒して、緊張した状態になるでしょう。変化を検出する機能は、外敵から身を守ったり、自らトラブルに陥らないための、生体防御機能です。

この自動的に働く「変化検出機能」は、うっかりミスを防ぐのに役立ち、当然、変化がわかりやすいほど、たやすく成果を上げることができます。デスクの上が片づいていれば、返信が必要な郵便物が置かれた時点でそれを検出し、対応することができますが、常に置かれるものが変わったり、ものの位置が変わるデスクでは、郵便物が置かれたくらいの変化は、大きな変化として検出されません。

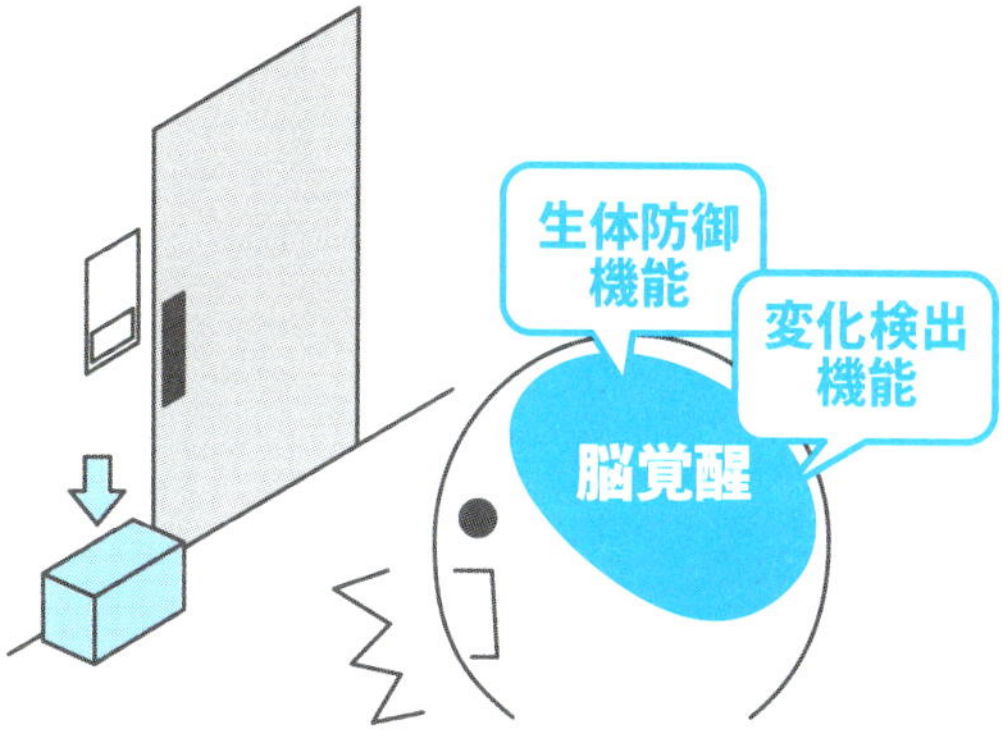

清掃によって、自分が使うものや作業に必要なスペースを点検することは、うっかりミスを防ぎ、さらに予定外に舞い込んだ仕事へ、自動的に素早く対応できる脳の機能をフル活用することに役立っているのです。

適度に変化するデスクをつくる

予定外のことが舞い込んでくる仕事の場合は、できるだけ無駄なものが置かれていない方がよいのですが、仕事において予定外のことがない場合、あまりにも変化がなさ過ぎても、集中力は低下してしまいます。

これは、心理学者のロバート・ヤーキーズとJ・D・ドットソンによって提唱された、「ヤーキーズ・ドットソンの法則」として知られています。散らかったデスクや予定外に舞い込む仕事のように、変化が多すぎると脳の覚醒レベルが低下してボーっとしてしまうのですが、逆に、変化が少なすぎても、覚醒レベルは低下してしまうということです。

私たちが、課題に集中して取り組むには、変化があり過ぎてもなさ過ぎてもダメで、50%の変化がある状況が、最も脳が覚醒して集中できることが示されています。縦軸が脳の覚醒で、横軸が変化の刺激でグラフにすると、Uの字を逆さにした形になることから、「逆U字曲線」と呼ばれています。

先ほどの、脳のエネルギー効率（164ページ参照）の話にも通じることですが、予定外の仕事が舞い込むときには**「変化を素早く検出できるようにデスクを清掃しておく」**。自分のペースで淡々と仕事ができているときには、退屈して眠くなってしまわないように、**「毎日デスクに飾るものを1つだけ変えてみるなどして、新鮮な刺激を与えておく」**、というのが上手な清掃の在り方かもしれません。

清掃のまとめ

- **無駄なものを置かないメリット　↓小さな変化に気づき、素早く対応できる**
- **脳の覚醒を促したいとき　↓デスクに置くものを1つだけ変えてみる**

4

清潔（Seiketu）体調管理に役立つ

ここでも病院や製造業を例に考えてみると、これらの業種では、衛生管理が行き届いていて、病原菌などが発生したり増殖しにくい状態を保つことが、安全かつ確実に業務を遂行するのに、重要なポイントです。つめや髪を整えておくことや、1つの処置をしたら1回手を洗うことは、仕事に臨むうえで当然のこととして教育されます。

清潔さを保つことは、体調管理につながる

一方で、オフィスワーカーにとっては、衛生管理と言われてもピンとこないと思います。衛生管理の目的は、サービスや商品の質を保つことです。**オフィスワーカーは、自分自身がサー**

ビスであり商品でもあります。ここでは、衛生管理を体調管理と読み替えてみましょう。

オフィスワーカーが、出勤はしているけど体調が悪くパフォーマンスを発揮しきれていない、という状態のことを、**「プレゼンティーイズム」**といいます。このプレゼンティーイズムが、企業の生産性を低下させて損失を生んでいるという研究結果から、従業員が健康を保つことが企業の生産性向上につながると考えられるようになり、現在、健康経営という概念をもとに、企業が戦略的に従業員の健康増進に取り組む動きが活発になっています。

プレゼンティーイズムの原因のベスト5に入るのが、咳や鼻づまり、風邪症状です。そんなの誰でもそうだろうと思われるかもしれませんが、オフィスワーカーが、これらの原因で体調を崩すには、ある理由が考えられています。

実は、パソコンを使って仕事をする人を対象にした実験では、作業中、5分に1~3回のペースで顔を触っていることが明らかになっています。あなたも振り返ってみてください。パソコン作業中に、無意識に目や鼻を触ったりこすったりしていませんか?

顔を触ることは生理学的にどんな行為かというと、手についた病原菌を粘膜を通じて体内に届けている行為です。

私たち人間は、独立した一個の生物のように思いがちですが、実は無害な微生物が何兆個も集まって成立しています。この微生物が食べ物の消化を助けたり、免疫を調整したりして、病原菌を撃退するなどの働きをしてくれています。そんな中で、不用意に目や鼻など粘膜が露出しているところに風邪ウイルスが届けられると、風邪ウイルスはこの微生物の集合体の一員になろうとし、さらに自らを繁栄させようと増殖を試みます。こうして私たちは風邪をひきます。

ですから、**風邪を効果的に予防する方法は、顔を触らないことです。**これは簡単なことのようですが、結構難しいです。

パソコン作業中の人が、顔を触る回数を1日に換算すると、200〜600回になります。なぜ、パソコン作業中の人に、このような行為が見られるのでしょうか。

これには、脳を覚醒させる物質であるヒスタミンが関係していると考えられます。ヒスタミンは、脳を目覚めさせる役割をしているのですが、増えすぎると敏感な個所がかゆくなります。パソコン作業は、過度に脳を覚醒させます。通常より強く脳が覚醒する条件を与えられると、それに対応するべく、脳はヒスタミンを増やします。そして、増えすぎたヒスタミンによってかゆみが生み出されて無意識に顔を触る、ということなのです。

清潔の基本は手洗い、うがいです。過度に脳を覚醒させるオフィスワーカーにとって、作業中に顔を触らないようにすること、また作業前後に手洗い、うがいをしておくことは、仕事における自身の価値を保つ重要なポイントだと言えそうです。

清潔のまとめ

- **体調管理は、生産性向上に欠かせない**
- **手洗い、うがいを心掛ける**
- **パソコン作業中、むやみに顔を触らないように気をつける**

5 躾（Situke）
感情をコントロールし、自律的に振る舞う

5Sの最後は、しつけです。今やあまり聞かなくなった言葉ですが、社会の規範や規律、礼儀などに合った立ち振る舞いができるように、訓練することを指します。**社会人として求められるのは、自分の感情をうまくコントロールすることです。**そして脳にとっては、自分の行動や立ち居振る舞いを変えることは、メンタルコントロールをするうえでも大きく役立ちます。

脳の容量を抑え、メンタルをコントロールする

まずは、同時系がよくやる「物を積み上げるという行動」について見ておきます。

なぜ、物を積み上げるのか？　おそらく、元の場所に置くと埋もれてしまい、作業をするの

を忘れてしまうので、それを防ごうとする意図があると思います。ですが、物を積み上げた状態のままでは、未着手であることにかわりはありません。**そこで、放置せずに、その作業を完了させる方法を見つけてみましょう。**

やるべきことを忘れることがなくなれば、ものの放置は防げます。**では脳は、一度にどのくらいのことを覚えていられると思いますか？**

この答えは、4つです。一度に4つのことしか覚えていられないなんて、ずいぶん少ないと感じるかもしれません。

例えばあなたが、「郵便物の中の書類を記入して返信用封筒を投函する」という作業を忘れないように、机に郵便物を置いたとします。これで容量を1／4使いました。あなたは、他の仕事に取り掛かろうと、添削する資料に目を通します。これで2／4。途中でメールが来ていないか気

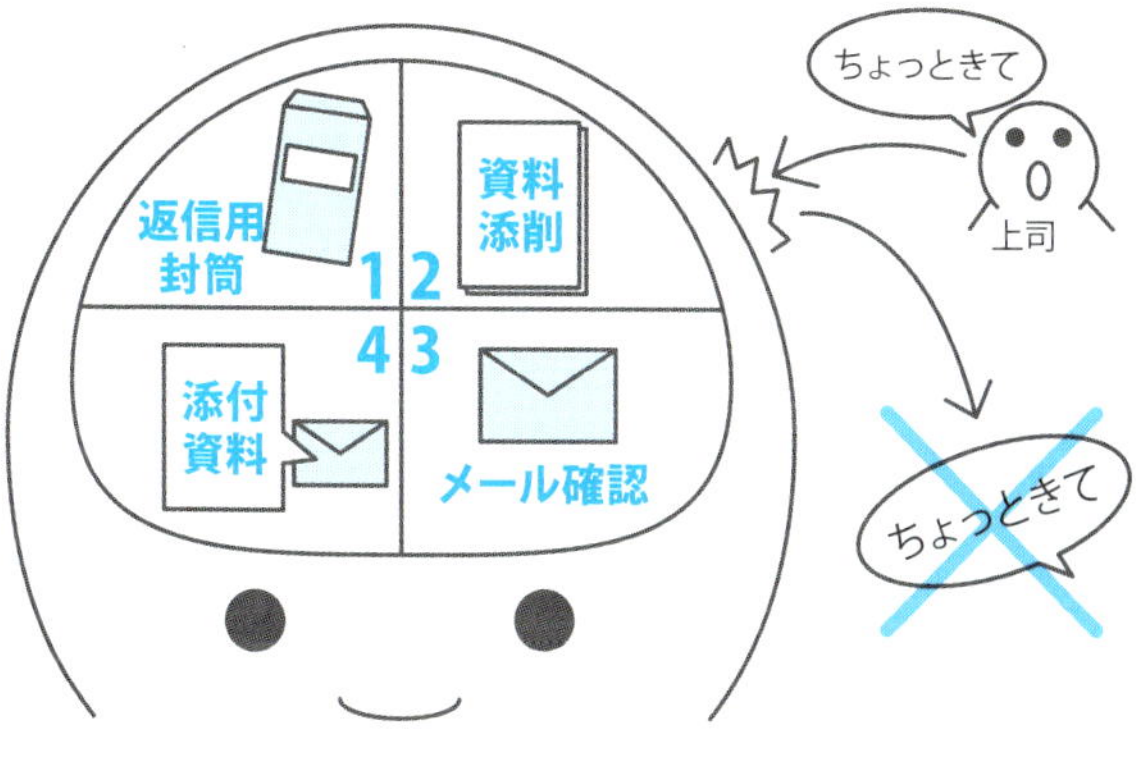

になったのでメールサーバーを開きました。これで3／4。メールサーバーを開いたら、急ぎ返信するメールがあったので、そのメールに添付する資料をデータから探します。これで4／4。ここで上司に「○○さん、ちょっと来て」と呼ばれました。これで5／4。ここでアウトです。

脳が容量オーバーになっているあなたは、上司の声に対してどう反応するでしょうか。「この忙しいときに！」とイラっとするかもしれません。上司には何の罪もないのですが。

実は脳の容量を超えたところで刺激を受けると、ストレスの指標となるコルチゾールが増えることが明らかになっています。忘れないようにものを積み上げると、4つしかない脳の容量が使われて、余計に忘れやすくなってしまいます。90ページでお話しした「意図的な積み上げ」や、148ページの「7割で相手に預ける」対策を使ってみましょう。

このように普段の行動を変えて脳の容量を管理し、さらに、メンタルを管理していきましょう。

❯手にものを持ったまま、ものを取りに行かない

仕事ができる人は、その所作も美しいです。そんな背景もあって、社会人としての立ち居振

る舞いを訓練せよ、と求められるのかもしれません。美しい所作はできないまでも、同時系の人が生産性を高めるために、ぜひ、やっていただきたいことがあります。それは、「手にものを持ったまま、次のものを取りに行かない」ということです。

ふとアイデアを思いつき、脳にビジュアルが描かれると、それを早く実現させようと、気分が高揚します。急いでいるつもりはないのに、走ってしまったり、手元の作業が終わっていないのに席を立つこともあるかもしれません。そんなとき、片手にものを持ったまま、他のものを取りに行く、ということはありませんか?

ある案件の話をしに行ったのに、手には関係ないものを持っていて、「なんでこんなものを持っているんだろう?」と急いで隠したり、片手で持ったまま別のものに手を伸ばして引き寄せようとしたら、バランスが崩れて持ったものを床にぶちまけてしまった。こんな経験もあるかもしれません。

まずは、手に持ったものを置いてみましょう。これだけでも所作は美しくなります。次の行動に移るときは、手に持ったものを一度置く。これだけを意識して行動してみてください。きっと、から回る自分をうまく制御できるはずです。

実感覚を大切にする

同時系の人が、しばしば自分に呆れてしまうことがあるのが、事後正当化です。思いつきでとった行動に対して、他人に指摘されたときに口をついて出る無理のある説明。感情的になったり、勢いでものを言ってしまうと後悔することになりますし、社会上の規範としても望ましくない行為です。

「自分は散らかっていないと仕事ができないんで」

これも、事後正当化によって出てきた言葉だと思います。本書では、これを「正当化」ではなく、生産性向上のために役立つ、根拠ある方法なのだと再設定することを試みています。

事後正当化に関して、有名な実験があります。「チョイスブラインドネス」と呼ばれる実験です。被検者に異性の顔写真を次々と見せて、そのたびにどちらが好みかを聞き、好みだと答えた方の写真を渡してどこが好みかを答えてもらいます。

実は数回に1回、被検者が好みだと選んでいない方の写真が手渡されている、という手順で行われた実験です。その結果は、被検者は、好みでない方の写真を手渡されたときも、どこが好みかをスラスラと述べたのです。事実とは異なるにもかかわらず、事後的に正当化されて説明されています。

私たちが無意識のうちに事後正当化する理由については、次のように考えられています。

私たちは、何をなしたかよりも、何をなしたと周囲の人が考えるかの方が重要であると考え、自分の行為を肯定的に意味付けできるような正当化を行うのではないか、という考えです。

今のところ、これらの働きが脳のどの部位で行われているのかは、明らかになっていません。

さて、**事後正当化は意図的に行われているわけではなく、自動的に発動されてしまいます。**

これが自動的にかつ頻繁に行われると、事実とは異なることを言っている自分に焦りや不安を感じ、さらに、それを正当化することを言う、という悪循環にはまってしまうことがあります。

これは、ＳＮＳで経験があるかもしれません。食事をする前に写真をとって投稿する。なんでそんな行動をしているのかを意識することもなく、自然に体が動いているのですが、こんな些細な行動でも、周囲の人が望ましいと考える「何をなした」を発信しています。毎日楽しい、みんなとワイワイ盛り上がっている、充実している、と肯定的に意味づけできそうな一部の行動を切り取って発信していると、自分の判断とは異なる事後正当化をし続けてしまいます。

本書では、自分の目的で片づけをすることを目指してきました。

自分の脳が、事実より「他人にどう思われるか」という事後正当化に支配されないように、あえて立ち居振る舞いを正しましょう。

それが、片づけを通じて「本当の自分らしさ」を実現することにつながるはずです。

躾のまとめ

- **脳の容量を抑えることで、感情をコントロールできる**
- **手に持ったものを一度置く**
- **自分の目的を持って行動し、事後正当化を防ぐ**

6章

脳内の情報を整理する

こんな「環境」で、ひらめきがドンドン生まれる!

本書では、あなたの脳の良さを存分に活かすことを目指してきました。本章では身の回りだけでなく脳内の情報も整理しておきましょう。脳内の情報が整理されたときにもたらされるのが、〝ひらめき〟です。あなたの脳は、ひらめきが得意。でも、あぐらをかいていると、肝心なときにアイデアを得られなくなってしまいます。「ここぞ!」という場面で勝てるように、**偶然のひらめきを〝必然〟に変えていきましょう。**脳がひらめくための条件を知り、その条件を満たす環境をつくるために片づけをしていきましょう。

1 なぜ、「雑然としたデスク」でひらめくのか?

アインシュタインのデスクは雑然としていた――。

人類史上重要な発見をした科学者、歴史に残る発明家、新たな文化をつくった巨匠には、家やデスクがものであふれて雑然としていたという話が少なくありません。

その話の真偽はともかくとして、脳がひらめきを生み出すのに、雑然とした環境が役に立つのかどうかを、整理してみましょう。

脳がアイデアを生み出す条件とは？

脳がアイデアを生み出すメカニズムは、まだ謎に包まれているのですが、現在までに明らかになっていることをもとに、効率よくひらめきを生み出す条件を挙げていきます。

「突然、天からアイデアが降ってきた」

ひらめくとき、こう感じる人が多いようです。これは科学的に解明されていないので、もう少し分解して整理してみます。

「突然」と感じるのは、「関係ないことをしていたとき」だからと推測できます。

ひらめきは、一生懸命考えているときより、素材となる情報を詰め込んだ後で、別のことをしているときに起こります。

「天からアイデアが降ってきた」ということは、「まるで自分ではない何かの力が働いたかのように」ということです。アイデアをひらめくときの脳は、その考えに「これはいい！」「これはだめだ！」と感情的になっているというよりは、傍観している状態にあるのです。

こうしたひらめきは、３つの条件によって再現されます。

①「多ジャンルの情報」を見聞きする
②ぼんやりする
③浮かんだアイデアを他人事のように眺める

それぞれ詳しく見ていきましょう。

1 「多ジャンルの情報」を見聞きする

戦略的に、雑然としたデスクにする

ひらめくためには、たくさんの情報を用意しておく必要があります。

とはいっても似通った情報ばかり集めてもひらめきは生まれません。**新しい発想は、一見関係ないと思われるジャンル同士が結びついたことによって生まれる**ので、できるだけたくさんのジャンルの情報が必要です。

これに「雑然としたデスク」が役立ちます。先にお話しした、デスクに置かれた貯金箱やヒーローのフィギュアなど、仕事には無関係のものからも、脳は常に情報を得ています。また、経済学の本もあればアートの画集もある、という感じで、様々なジャンルの本を置いておくと、それらも脳に情報として届けられ、ひらめきを生む材料になるのです。

これに対して、役に立たない雑然としたデスクは、同じジャンルの書類の山や義務として読まなければならない本を積み重ねておくことです。これらはただ脳の容量を無駄に使うだけです。

ひらめきを生むためにも、**あえて今、考えている案件とはかけ離れたジャンルのものを、意図して置いておきましょう。**脳の限られた容量をひらめきにつなげるにはちょっとしたコツがあります。脳にジャンルを超越したひらめきの材料を届けるつもりで、**戦略的に「雑然としたデスク」をつくるのです。**

実作業スペースに眺めるものをまぜない

自分の行動を客観的な視点から観察してみましょう。デスクでも部屋でも、その隅々まで自分が使うわけではありません。自分が座る場所、歩く動線は決まっていて、それにより、実作業をする作業スペース（景色）と、ぼんやりと眺めるスペースができているはずです。これをまぜないのがポイントです。

作業を始めるとき、その作業に必要なものを探すところから始めると、作業効率は著しく低

ひらめき環境を作るコツ

コツは多ジャンルの
情報を見聞きすること

→戦略的に「雑然」としたデスクにする

→実作業スペースに眺めるものをまぜない

→色、大きさをそろえる

→定期的に「雑然」を変える

（置く場所を入れ替えてみる、引き出しに
しまうものと、出しておくものを入れ替えて
みる　等）

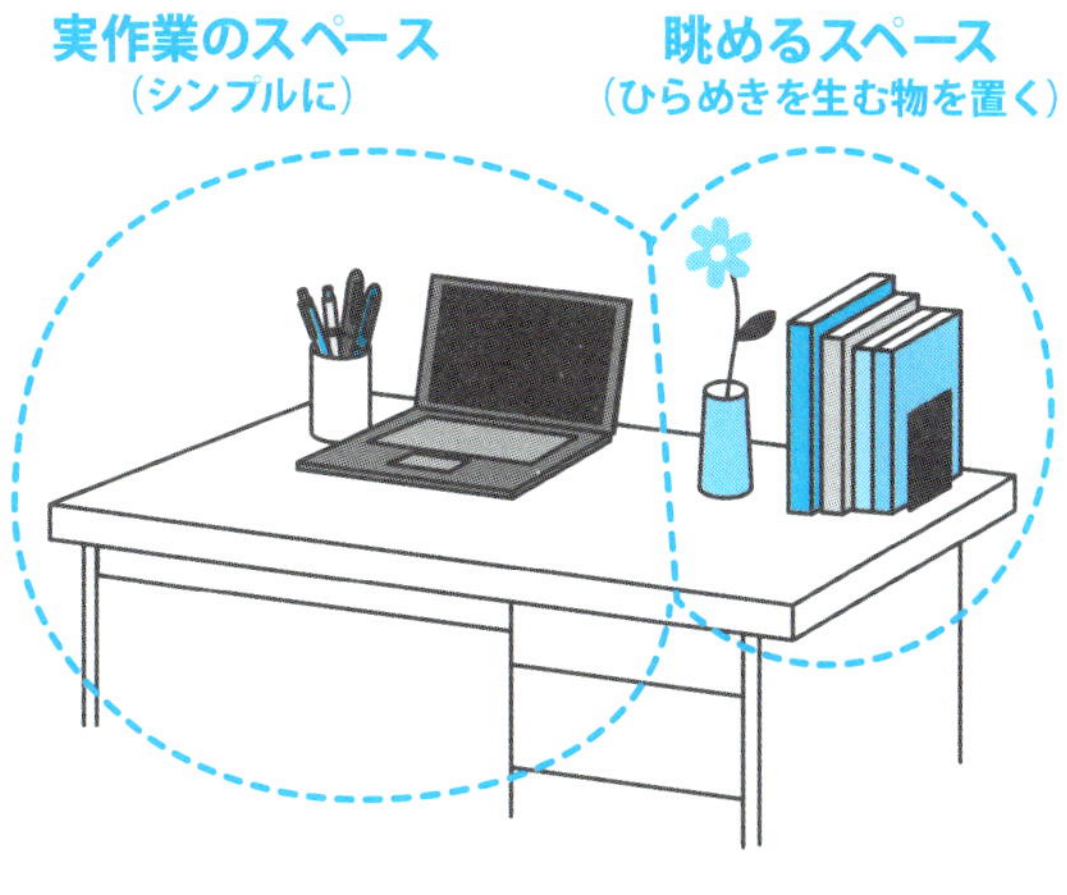

下します。筆記用具や文房具、ＵＳＢメモリなどのデジタル周辺機器は、定位置に置き、雑然の中にはまぜないようにしましょう。

眺めるスペースには、眺めやすい工夫をしてみましょう。考え事をしているときに、ふと目に留まるには、のちほど詳しくお話しする「見慣れた中にあるちょっとした変化」が必要です。脳は、目にしたものに必ず意味づけをするので、ぐちゃぐちゃになっていると、いちいち１つずつ意味づけをしていき、それだけで疲れてしまいます。**そこで、「色」や「大きさ」は、そろえるように意識してみましょう。**

色分け

多ジャンルのものをストレスなく眺めるには、視覚情報を構成する一部をそろえるとよいです。そこで、大まかに色彩をそろえてみましょう。寒色系、暖色系、モノトーンといった感じで、似通った色を集めてみると、ジャンルはまざっていても、それほど散らかっているように見えなくなります。

脳は、予測と大きく違う視覚情報をキャッチすると、それを記憶して次に見るときの予測情報に使います。予測と違う情報が増えるほど、この作業が増えるので、それだけ負担がかかります。そもそもアイデア創出のためにジャンルを超えた情報を混ぜて負担をかけているので、これ以上、余計な負担をかけないために、**色合いだけは予測を裏切らないようにしておく、という方法です。**ぼんやりと考え事をしているときに、暖色ゾーンや寒色ゾーンを眺めてそこから目についたものを手に取る、という感じで行動すると、無理なく自然に多ジャンルの情報を脳に届けることができます。

大きさ分け

視覚情報を一部として、大きさ情報もあります。本棚の整理のときに、吊り橋型や階段型の収納例をお話ししましたが、これも大きさ情報に従って分けられた例です。本に限らず、奥に大きなもの、手前に細かいもの、と配置したり、右は細かいもので左は大きなものという感じで配置します。これも色彩分類と同様に、**ジャンルがぐちゃぐちゃでも、大きさがそろうだけ**

でパッと見でなんとなく整然とした印象になります。

デスクの輪郭が、手前が街で奥がビル群のよう、とか、森と広場のよう、という感じで捉える人もいて、これは、空間把握能力に秀でた同時系ならではといえます。ふと眺めるデスクの輪郭から何らかのストーリーが浮かんでくれば、散らかっているというより、全てがひらめきに向かって配置されているようになります。

定期的に雑然を変える

脳がやる気になるには「もうちょっとでわかりそう」という状況を設定すると良いとお話ししました（5章参照）。普段から目にしている環境の中で、1カ所違ったものがあると、それが予測と異なった部分であり、その変化をキャッチして、それが何なのかを「知りたい」というモチベーションが高まります。

「なんか引っかかる」デスクを用意すると、思わぬところで脳に情報が入ってきます。

そこで、雑然としているデスクを片づける、というよりは、脳への見せ方を変えてみよう、と考えてみましょう。色彩や大きさという分類の仕方を変えずに、置く場所を入れ替えてみるのもよいです。デスクがプレーできるピッチだとして、レギュラー選手と控え選手を入れ替えるイメージで、引き出しにしまうものと、出しておくものを入れ替えてみるのもよいです。

何となく眺めたときに、「おっ変わったな」と感じれば、これまで風景と化していたものに目が行き、今までも見えていたものに再注目することがあるはずです。視覚情報に新たな意味づけがされると、同じものでも脳内での存在意味はガラッと変わります。

2 ぼんやりする

他ジャンルの情報を得た後で、ぼんやりしているとき、**脳では、「デフォルトモードネットワーク」と呼ばれる神経回路が使われています。**ぼんやりと外を眺めていたり、目を閉じて静かにしていたり、眠っているときに、このネットワークが活発になっています。

デフォルトモードネットワークの役割は、まだ明らかになっていないことも多いのですが、**どうやら脳内の情報を整理して使える状態に作り変えているということは、わかっています。**

デフォルトモードネットワークの働きを理解するために、脳を胃と同じ内臓だと考えてみましょう。胃は、食べ物を取り込むだけがその役割ではありません。取り込んだ食べ物を溶かして、栄養素に分解しています。食べ物は、栄養素に分解されて取り込まれることで、はじめて私たちが生きることに役立ちます。

脳も同じように、情報を取り込んだだけでは、その情報を役立てることはできません。その情報が分解されて要素に分けられ、また、つなぎ合わせられたり、飾りつけられたり、不要な情報を消去されたりすることで役に立ちます。これを担っているのが、デフォルトモードネットワークです。

何かについて一生懸命調べたり考えているときは、つい、情報を得ることが重要だと考えがちです。しかし、**得た情報を脳内で加工する過程も、考えることの一部だと再定義してみましょう。**すると、自然にこんな発想が出てきます。

時間を区切って意図的にぼんやりする

同時系は、気分が乗ったときに一息に仕事を片づけようとします。脳は、情報収集をしたらそれをまとめる作業をして有機的な情報を作り上げるので、**一度に詰め込んで仕事をするのは、脳の働きからすると、かえって非効率ということになります。**

そこで自分が集中する時間やぼんやりする時間を他人事のように決めて作業する、ということができれば、脳の働きを客観的に管理でき、効率良くひらめきを再現できそうです。

まずは、**考えが滞ったら、躊躇《ちゅうちょ》なく席を立つようにしてみましょう。**これ以上、脳に情報を入れたところで、暴食になるだけだと割り切り、席を立ってぶらぶら歩いたり、トイレに行ってみましょう。これで、脳はデフォルトモードネットワークに切り替わります。**いかに躊躇なく作業を区切ることができるかが、作業効率の分かれ目です。**

集中力が低下したサインは、些細なサインをキャッチできれば、それだけスムーズに脳内のネットワークを切り替えることができます。

うとうと眠くなってきてから「だめだ」と席を立つようでは、判断が遅すぎます。あくびをかみ殺したり、伸びをしているときは、もう脳は睡眠に入り始めています。

それより前の段階で、文章を読んでいて、同じ行を2、3回読んでしまうことがあったら、これはマイクロスリープという現象です。このとき脳は、睡眠の脳波が混ざっているので自覚的には眠ってはいませんが、睡眠はスタートしています。

さらに前の段階では、集中が切れてくると、眼球が細かく動き、対象のもの以外にもちらちらと視線を走らせるようになります。これは、マイクロサッケードという現象です。自覚的には、なんだか気が散るとか、関係ないものが目につく、といった感じだけですが、この段階から睡眠は始まっています。

このように、脳からは作業を区切るサインが出ています。**ギリギリまで粘らずに、些細なサインが出たらきっぱりと席を立つ。ぼんやりしたり、目を閉じるなどして、デフォルトモードネットワークを起動させましょう。**この判断のスピードが、パフォーマンスを左右します。

水回りにいる時間を丁寧にする

デフォルトモードネットワークが使われやすいのは、水回りにいるときです。洗顔や歯磨き、入浴、トイレなど、水回りにいるときは、何かを注意深く見る、ということは少なく、ぼんやりと作業していることが多くなります。

この時間を意図的に使いましょう。脳が情報を消化しやすい時間なので、間違ってもスマホを見ながら、などということはしないでください。振り返ってみると、ゆっくり入浴したり、丁寧に洗顔や歯磨きをしているときに、ふと滞っていた考えが開けるという経験があると思います。または、見通しが立たず、新しいことが次から次に起こるような状況のときは、無意識に入浴や整容に時間をかけているかも、ということに気づくかもしれません。

脳内の情報整理を偶然に任せず、意図的に再現するために、水回りにいる時間を大切にしてみましょう。

情報断食スペースをつくる

脳内の片づけをするには、デフォルトモードネットワークに働いてもらわなければなりません。それを邪魔するのが、スマホです。いつでもついてきて、脳に情報を流し込んでくるので、脳は実行系ネットワークばかり使わされて、デフォルトモードネットワークを使う隙がありません。

そこで、意識的に、情報から脳を守る場所として情報断食スペースをつくりましょう。その場所に入るときには、スマホはもちろん、リストバンド型などの情報端末はすべてそぎ落とします。病原菌から身を守る滅菌室に入るようなイメージで、外からの情報の侵入を防ぎましょう。

片づけられるかぐるぐる悩むか

デフォルトモードネットワークは、脳内の情報をまとめる役割をしているのですが、それはうまく働いているときの側面です。

ひらめくにはデフォルトモードネットワークが必要だから、ずっとぼんやりしていればよいか、というとそうではありません。デフォルトモードネットワークが過剰に働いている状態、それはぐるぐる悩んでいる状態です。出口のない考えがぐるぐると脳内を占拠するとき、脳は著しくエネルギーを奪われます。実行系ネットワークに対して、約20倍ものエネルギーを消費する、との考えもあります。

実は、**普段から意識的に作業を区切っている人は、悩む場面に遭遇しても、ずるずると引きずらずに、再び実行系ネットワークに戻ることができます。**

普段から脳のネットワークを意識的に切り替えて、そもそも悩みにくい脳をつくろうと考えれば、悩みを解消するより、なんだか簡単そうな感じがしませんか?

集中して情報を得たら、ぼんやりを挟み、再び集中する――。こうした仕事の仕方を取り入れるのは、「どんな場面でも感情にさいなまれず、気持ちを切り替えて臨むための準備である」と考えて、機械的に淡々と取り組んでみましょう。

3 浮かんだアイデアを他人事のように眺める

情報のまとめは、脳のデフォルトモードネットワークに任せて、いよいよ〝アイデアが浮かぶその瞬間！〟にも、ちょっとしたポイントがあります。アイデアがひらめくとき、私たちは、考える当事者ではなく、傍観者になる必要があります。

「いいかも！」「だめだ！」という感じで、一喜一憂しているうちは、ひらめきは起こりません。

ひらめく瞬間をもたらすには、自分を外から見る力である「メタ認知」が必要です。

「メタ」とは「高い次元の」という意味です。自分が今何を考えているのかを、もう一人の自分が観察しているような働きです。脳の中の、前頭葉のブロードマン10野という部位が中心となって、この働きを担っていると考えられています。

脳が勝手につくってきたひらめきを逃さないためにも、メタ認知をトレーニングしておきましょう。

生理反応を観察する

「メタ認知」をするには、自分の脳や体から意識を離す必要があります。それには、私たちが絶えず行っている生理反応が使えます。

例えば、あなたが突然カッと怒った場面を想像してみてください。

衝動的に怒ったときは、前触れなく突然怒りが爆発した感じだと思います。これが、感情の「当事者」になっている状態です。

ここから、自分の思考の「傍観者」になるために、怒る前に表れた生理反応を探して列挙していきます。なかなか思いつかない場合は、「その前にどうなったか」という問いを繰り返してみましょう。一例を挙げると、

怒鳴った↓声が震えた↓涙目になった↓顔が熱くなった↓心臓がドクドクした↓手が冷えて汗ばんだ↓呼吸が止まった↓貧乏ゆすりをした↓ボールペンをカチカチした

こんな感じで、体に起こった反応をさかのぼっていくと、自分が怒るまでにはいくつもの過程があることがわかります。

先ほど、集中を維持するところでもお話ししましたが、この過程は、発見が遅れれば遅れるほど、平常心に戻りにくくなります。つまり、ほんの些細な反応の段階で気づくことができれば、感情に振り回されずに済みます。

この生理反応を、リアルタイムで観察しているときに、あなたは「メタ認知」をしています。

会話中に自分が顔やネクタイを触っていたら、「今、顔を触っているな。この話が嫌だと感じているんだな」ということに気づきます。気づいていれば、予測ができます。「このままいくと、ボールペンをカチカチするようになるな。話を聞いているときに呼吸が止まるようになったら、元に戻りにくくなるから、今のうちに深く呼吸をしながら話を聞いてみよう」とこのように、自分の生理反応を自分から調節することができます。

呼吸や心拍、手のひらや足の裏の温度、汗や唾液などの生理反応のことを、情動と言います。情動は、感情に先立って表れています。つまり、**緊張するからドキドキするのではなく、心臓がドキドキしていることを受けて後付けで緊張するという感情がつくられているのです。**

感情は、その存在を他人が確認することができません。自分の脳の中でつくられている実体のないものです。それに対して、情動は、他人が実態を確認することができます。実態に意識を向けることで、自分を観察することができ、コントロールすることができます。

自分の脳を観察する

情動を観察することで「メタ認知」ができるようになったら、自分の脳内に流れる思考も観察してみましょう。

例えば、ＳＮＳで友人が投稿した嫌な画像を見たとします。自分が出し抜かれたことがわかったら、気持ちが動揺し、怒りや焦りが頭の中をぐるぐる回ります。

こんなとき、メタ認知ができていれば、「ああ今、○さんが前言っていたことを思い出しているな」「自分の立場を奪われることを考えているな」という感じで、浮かんでくる考えを別の視点から眺めることができます。

「メタ認知」できているときには、眺めている考えに対して、それがいいとか悪いという価値判断はしていません。ただ、浮かんでくるまま、流れるままを眺めています。**これで、思考と感情は切り離されて、平常心を失うことはなくなります。**

例として、ネガティブな場面をお話ししましたが、これと同じことが、ひらめくときにも起こります。

浮かんだ考えに対して「これだ！」と感情的になっているときは、細部まで注意せずに不十分な考えのまま前に進もうとしたり、考えの一部だけを見て、全体が見られなくなっています。アイデアが浮かんできても、それに良し悪しの価値判断をせず、流れるままを眺めている。本当にいいアイデアをひらめいたときは、決してハイテンションではなく、とても落ち着いた気持ちで、そのアイデアに自分がしっくりときていると感じるはずです。

「メタ認知」は、脳内の片づけに大いに役立ちます。

7章

この準備で、いつでも飛び立てる！

直感派の自分を100％活かすコツ

1

自分を成長させる方法

普段から、引継ぎ場面を想定して、仕事をする

同時系の片づけや仕事の仕方がよく問題になるのが、引継ぎの場面です。

人事異動や急な退職があると、今まで自分が主に行っていて、他のスタッフには見られていなかった仕事が露呈されます。必要な書類がどこにあるのかわからない。取引先がリスト化されておらず、定期的に連絡をとっていない。打ち合わせ内容の記録が残っていない。

これらは、あなたの目立つ業績によって隠されてきた部分、または周囲から見て見ぬふりをされてきた部分です。これらをどうにかしなさいという意味で、「片づけなさい」と言われてきたはずで、表面的な掃除をするということではなかった、ということに職場を去るタイミングで気づかされます。

次のステージに進むためのキャリアアップのタイミングで、**より身軽に、よりかっこよく飛び出すために、普段から、引継ぎの場面を想定して行動してみましょう。**

「クリティカルパス」を参考にする

あなたのやっている仕事は誰でもできて、代わりはいくらでもいる、という話ではありません。あなたが、その特異な能力を発揮してつくってきた仕事の要素を、他の人が別の方法で満たすことができるようにしておくのです。

これには、診療を標準化する「クリティカルパス」が役立ちます。

例えば、あなたが患者の立場で、10人の外科医がいて、同じ病気に対して、10通りの手術方法をとっていたら、どう思いますか？　あてがわれた医師によって、手術の結果が異なりそうなので、いい医者に当たるかそうでないかは、博打のように感じるかもしれません。これでは、医療の質を確保することができません。

そこで、10人の医師の手術方法をできるだけそろえます。

でも、どの医師の手術が最も良い予後が得られるのかはわかりません。これを明らかにするために、2つの方法がとられます。

1つは、現在のところ信頼性の高い研究によって明らかになっている手術方法を10人の医師に行ってもらうことです。医師は、自分の向き不向きにかかわらず、その方法を確実に実行できるように習得することを求められます。

あなたの仕事に例えると、仕事の仕方を一から十まで指導されて、その指導通りに行動する、ということです。同時系の人は、この時点でいい顔をしません。自分の強みである、臨機応変さや創意工夫を発揮する場面をことごとく奪われてしまうからです。工場ならばともかく、人を相手にした仕事や状況によって判断を迫られる仕事の場合は、そう簡単にマニュアル化することはできません。「現場のことをわかっていない！」と反発したくなるでしょう。

これを解決するために用いられる、もう1つの方法があります。手術工程の中で、**共通して**

いる工程をひとまず「根拠がある」とする方法です。10人中8人がそのやり方をしていたら、残りの2人も同じやり方にそろえてもらいます。みんながやっているんだから正しい、という何とも乱暴な考え方なのですが、そこはプロの集団なので、プロとしての経験や勘によって現場で選ばれた行動は、ときには最新の研究よりも説得力があります。

私が、病院の医療行為を標準化する仕事をしていたときに、こんなことがありました。ある手術の後で、切った皮膚を消毒するという工程を調べていました。マニュアルでは、消毒することになっているのですが、調査すると、消毒している医師の方が少ないことがわかりました。さらに、消毒をしていない場合の方が、傷口が早く回復して退院していたことがわかりました。傷口の消毒は、バイ菌が入らないようにするために行われますが、消毒によって傷口を再生するのに必要な菌まで死滅させてしまいます。マニュアル通りに消毒を行うことで、患者さんの体の回復する力を奪ってしまっていたのです。

消毒をしている医師に、消毒をやめた方が傷口が再生しやすい、などと伝えても話は聞いてくれませんが、他のほとんどの医師が消毒はしていなくて、早く退院しているという事実を伝えれば、その医師も、次から無駄に消毒をしたり、看護師に消毒を指示することはなくなります。

これは、同時系の人にとっては「そら見たことか！　結局はマニュアルより現場の判断の方が正しいんだよ」と、勇気づけられる話かもしれません。**あなたが、その臨機応変さや創意工夫で切り開いた仕事は、一般的なマニュアルより正しいことがあります。**

ただ、これがあなたしかできないことではいけません。仕事である以上、サービスの質は、人が変わっても確保されるべきです。そこで、**あなたの仕事を「標準化」してみましょう。**標準化する意義は、その仕事の再現性です。

再び同じ場面になっても、同等の結果が得られるように整理されていれば、あなたの努力は人や場所が変わっても、多くの人たちの役に立ちます。

チェック

独自の視点で見つけた仕事のやり方を他人ができるように「標準化」しておく

2

行動をデータ化して「標準」を見つける

こんなふうにデータ化する

ものをなくしやすいと、必然的に作業効率が下がります。これは脳がパターン化した行動と、ものの置き場所がうまくかみ合っていないときに起こる現象です。**これを防ぐために、自分の行動をデータ化して標準を見つけて、それに合わせてものの位置を決めていきましょう。**あたかも、「私」という動物の生態を調査する研究者のように。

あまり難しく考えずに、10回中、最も回数が多い行動が標準と考えます。これを実行すると、あなたに最もふさわしい部屋やデスクを作ることができます。他人の真似をしたり、他人に指摘されて片づけられなかったのは、自分の行動パターンとは合わない場所に片づけてしまったからです。机上の論より、実データをもとにしていくことが、あなたらしさを発揮できる空間づくりに最適な方法です。

単純な例で考えてみましょう。例えばポストに郵便物が来ていて、帰宅して郵便物を手に取ったあなたは、「ただいま」と玄関を上がって、その郵便物をどこに置きますか？　「靴箱の上に置く、テーブルに置く、バッグにしまう」という行動を挙げられたら、それぞれ10回中、何回くらいするのか、数字を入れてみましょう。実際に調査しなくても、**大体の感覚でよいです。**仮に靴箱が4割、テーブルが5割、バッグは1割かな、と数字を入れられたら、**最も多かった置き場所が、量的なエビデンスとして科学的に正しい置き場所です。**それがわかれば、テーブルの近くに、はさみの置き場を作ってごみ箱を置き、郵便物をテーブルに置く前に開けて、不要なものは捨てるようにしましょう。

自分の行動パターンを、その回数をカウントしたり振り返ったりしてデータ化すると、大きなメリットがあります。あなたの行動が、あなたしかできない名人芸ではなくなるのです。仕事が名人芸になると、当事者は、自分の存在価値に酔いしれるでしょうが、その仕事は永続的に価値を提供できなくなります。

社会人として、企業人として、私たちがなすべきことは、自分らしさを発揮しつつも、それを誰でも再現できるデータにしておくことです。これができていれば、チャンスが舞い込んだときに、あなたは躊躇なくそのチャンスを捕まえることができます。なぜなら、昨日までのあなたの仕事は、誰でもできるように、根拠あるデータに落とし込まれているからです。

まずは試しに、**自分の仕事をデータ化してみましょう。**例えば、ある1日の仕事で、「調べものはいくつまで調べるか、メールは1日何回見るか、集中して考えるのは何分くらいか」など**個数や回数、時間の長さをサンプルとしてデータ化し、それから数日を使って単純に同じ作業に費やしたデータをカウントしましょう。**

こうしてあなたの仕事ぶりは標準化され、良いパフォーマンスを再現しやすくなるのです。

チェック

普段の自分の行動をデータ化し、回数の多い行動を標準にする

3 自分の才能をデータ化しておく

10回中、何回やるかを書き出す

仕事をするうえで独自の工夫が必要なことを1つ選んでみましょう。例えばクライアント候補にアポイントメントを取る、企画の決済をとる、部下に頼みにくい仕事を頼む、といったことです。大きな仕事でもいいですし、日常の些細なことでもよいです。**設定できたら順番にやることを書き出して、各工程ごとに「10回中、何回やるのか」数字を入れていきましょう。**

アポイントメントを取る

・名刺交換したら翌日までにメールを送る　↓「大抵の場合はするので8」
・名刺をスキャンしたら破棄する　↓「流れ作業なので9」
・返事があったら会ってもらえるかを打診する↓「返事によるので3」
・相手のメールアドレスをメーリングリストに追加する↓「あまり効果がないので2」
・資料をつくる　↓「他の案件でも使えるように作るので9」

こんな感じで数字を入れたら、**「7」以上の工程は、あなたのこれまでの行動から科学的な根拠がある行動ということです。**これを標準的な行動にすれば、職場に有益な業務マニュアルとなり、いつでも引き継ぐことができます。また、引き継がれることで、あなたの努力は、他人の手を借りて、継続的に社会に還元されることになります。

チェック

作業工程を数字で振り返ることで、無駄に迷うことがなくなる！

4

努力を「定量化」してみる

売り上げに直結しない業務はやめてみる

精一杯努力して残業しているところに、上司から、「残業禁止」などと言われると、「もっと努力しなさい」と言われたと捉えてしまい、「これ以上、何を頑張れっていうの？　もう無理だよ」と、疲れ切ってしまうこともあるでしょう。

創意工夫が得意でも、常に努力を強いられていると感じると、大きなストレスになります。

脳は、予測できない状況が多すぎると、やる気を失ってしまいます。

ストレスの原因は、上司ではなく、脳が予測できない状況をつくり過ぎたことです。脳が予測できるようにしてあげれば、この膨らみ続けるストレスを少なくすることができます。

同時系の人は、その都度工夫して行動するのと引きかえに、自分が努力してとった行動をあまり覚えていません。

そこで、あなたの努力を定量化してみましょう。

例えば、上司から「残業禁止」と言われて、「売り上げるためにこんなに頑張っているのに残業しないと終わらない仕事を与えてるのは誰だよ！」とイラっとしたとします。**この「売り上げるための努力」とは、何をどのくらいしているのかあいまいなので、これを定量化してみます。**

普段の業務で行っていることを、朝から夜まで挙げていきます。店舗のチェック、新商品開発の会議、店員への指導、チラシの作成など、とにかくやっていることをすべて書き出します。これができたら、それにどのくらいの時間がかかるのかを書き入れていきます。「店舗のチェックは30分」「新商品の会議は30分」という感じです。

書き入れた時間をすべて足すと、業務時間内には終わらないことがわかります。これをそのまま上司との話し合いに使えれば、残業禁止をただのスローガンではなく、具体的な対策を立てて臨む目標にすることができます。

行っていることと、それにかかる時間を書き出せたら、上司に相談する前に、それらを眺めてみましょう。その行動は、果たしてすべて「売り上げを上げるため」になっているでしょうか。実は、「売り上げを上げるために努力をしている」というつもりでも、結果として売り上げには貢献していない行動が含まれているのではないでしょうか。

同時系の人は、目配りでき、その都度努力をするので、自分で仕事を増やしてしまうことがあります。**大きな目標に自分の行動が見合っているのか、見合っていない行動はやめてみる、見合っていたらその行動にはどのくらいの時間がかかっているのか、これを数値化する**と、余分に頑張り過ぎてしまっていることを発見できます。

ストレスを抱え込み肝心の業務に支障をきたすぐらいなら、「快適でなくても、面白くなくても、しっかり結果を出せばいい。何もいつもキラキラしていなくてもよいのだ」と、**実データをもとに自分を抑制するぐらいが、本来のあなたの能力を発揮させるには良いのです。**

チェック

燃え尽きを防ぎ、コンスタントに結果を出すために、枝葉の部分には目をつぶろう

5

決定権のない人間に頑張ってしゃべらない

意図的に黙ったり、「わからない」と言ってみよう

会話をするときにも、常に努力してしまう自分をうまく抑制し、上手に乗りこなすためのちょっとしたコツがあります。普段からあなたは「相手が面白いと感じるように」「会話を楽しんでもらうために」と頭を働かせていることでしょう。営業職で、疲れ切ってしまう人に典型的にみられる行動は、決定権のない相手に対して、熱心に話してしまうことです。

脳内のエネルギーは有限なので、ここぞ、というときに取っておかなければなりません。相手に決定権がないときには、「この話はここですべきではない」と、あえて黙ることも戦略的に行いましょう。慣れないうちは、黙っているともどかしい感じがするかもしれません。ただ、意図的に沈黙を使ってみると、自分の気持ちが舞い上がっていることに、客観的に気づくはずです。「ああ、自分はこんな場面で舞い上がるんだな」と、「メタ認知」（200ページ参照）できれば、エネルギーの配分が格段にうまくいくようになります。

同様に、**知らない話に無理に答えるのも、意図的に避けてみましょう。**会話中、自分と話したことで、相手に何らかの価値を提供しなければ、と思っていると、相手が知らないことを探しながら話をするようになります。すると、逆に自分が知らないことを話されたときに、感情的になり、知ったかぶりをしてしまうことがあります。5章でお話しした、事後正当化が普段の些細な会話から行われやすいのも、同時系が努力して会話をした結果生まれる特徴です。

そこで、これも意図的に**「実際に見てみないとわからない」「その人に会ったことないからわからない」と口に出して言ってみましょう。**知らないことに焦りを感じてしまう自分に気づき、無理する自分を楽にしてあげることができます。

チェック

沈黙や「わからない」を意図的に使って、エネルギーの無駄使いを防ごう

主要参考文献

・『神経心理学の基礎─脳の働き』
A.R. ルリア（著）/ 鹿島晴雄（訳）（創造出版）1999

・『学習の問題への認知的アプローチ─PASS 理論による学習メカニズムの理解』
J.R. カービィ他（著）/ 田中道治 他（訳）（北大路書房）2011

・『エッセンシャルズ　DN - CAS による心理アセスメント』
J.A. ナグリエリ（著）/ 前川久雄 他（訳）（日本文化科学社）2010

・『発達障害の理解と支援のためのアセスメント』
前川久雄他（日本文化科学社）2013

・『Simultaneous and Successive Cognitive Processes』
J.P.DAS 他（著）（Academic Pr NY）1979

あとがき

私は現在、多くの企業に対して、健康経営や働き方改革として職場に出向き研修やコンサルティングを行っています。病院に勤務していたのでは、病気や事故などの問題が起こってからでしか関わることができず、すべて後手を踏んでしまうので、先手を打って病気や事故を防ぎ、病院に来る必要がない人を増やしていくことを目指して、起業をしました。

この活動の中で、現場のニーズで挙がってきたのが「片づけ」です。5S［整理（Seiri）・整頓（Seiton）・清掃（Seisou）・清潔（Seiketu）・躾（Situke）の頭文字Sをとったもの］が徹底教育されている企業ならば問題ないのですが、そこまで徹底していない企業では、本書でお話しした「片づけられない人」がいて、それが問題視されます。現場から求められることは、片づけができるようにしてほしい、ということですが、この問題の解決策は、脳のタイプを理解することにあります。

本書では、特に同時系の脳の働きを説明し、同時系には同時系の片づけの仕方があるということをできるだけわかりやすくご提案したつもりです。

様々な働き方が可能になる中で、今、私たちは自分と周囲の人の脳の違いに着目し、その多様性に目を向け、それぞれの特徴を活かす取り組みをすることが求められています。

つい私たちは、自分にとってわかりやすい方法は相手にとってもわかりやすいはずだ、と自分の価値を相手に押し付けてしまうことがあります。それに対して、脳はそれぞれ違うのだから、それぞれの脳に適した環境をつくり、それぞれの能力をうまく引き出していこうと考えるのが、ニューロダイバーシティ、脳の多様性です。

ある企業で、障がい者雇用により、大きな気づきがあったというお話を伺いました。資料の整理を頼んだところ、1つの間違いもなくきれいにそろえられていて、素晴らしい仕事ぶりだったことから、一律の価値基準で優劣をつけていることがおかしいと思った、ということでした。


自分の力を発揮するには、2つの方法があります。今の環境に自分を合わせるか、自分に合った環境を自らつくるか、です。本書は、この2つの方法を両立させることを目指しました。特に後者の、いかに自分に合った環境をつくるのか、ということが、同時系の人には重要だと思います。自分を取り巻く環境は、自分で変えることができる時代です。世間一般の決まったものの見方ではなく、あくまでも結果を重視して、自分の力を最も発揮できる環境をつくってみましょう。

あなたが、無駄に力むことなく、しなやかに自分らしく人生を歩んでいくことに、本書が少しでもお役に立てたら、とてもうれしいです。

二〇一九年四月

菅原洋平

〈著者紹介〉
菅原 洋平（すがわら・ようへい）

作業療法士。ユークロニア株式会社代表。
国際医療福祉大学卒。民間病院精神科勤務後、国立病院機構にて脳のリハビリテーションに従事したのち、現在はベスリクリニックで薬に頼らない睡眠外来を担当する。そのかたわら、生体リズムや脳の仕組みを活用した人材開発や企業研修を全国で行っており、その活動はテレビや雑誌などでも注目を集める。

本書では、作業療法士としての豊かな経験と、脳科学の知見に基づき、片づけが苦手な人の「脳のタイプ」に着目し、その認知特性に合わせた片づけ方をわかりやすく具体的に紹介していく。
その画期的かつ実効性の高さは実証済みで、医療現場のみならず、生産性を上げる上で欠かせない「５Ｓ」の徹底を目指す企業からの講演、研修の依頼が絶えない。

主な著書に『あなたの人生を変える睡眠の法則』（自由国民社、2012年）や『すぐやる！「行動力」を高める“科学的”な方法』（文響社、2016年）、『無理なく着実に才能を伸ばす！ 脳に任せるかしこい子育て』（すばる舎、2018年）など、多くの著書がある。

脳もデスクも超スッキリ！　スゴい片づけ

2019年4月25日　　第1刷発行

著　者――菅原洋平

発行者――徳留慶太郎

発行所――株式会社すばる舎

〒170-0013 東京都豊島区東池袋3-9-7 東池袋織本ビル
TEL 03-3981-8651（代表）　03-3981-0767（営業部）
振替 00140-7-116563
http://www.subarusya.jp/

印　刷――中央精版印刷株式会社

落丁・乱丁本はお取り替えいたします

ISBN978-4-7991-0801-7